Buchbeschreibung:

Frau Berger reist weiter durch die Welt und nimmt die Leser auf ihre Reisen mit. Sie findet immer wieder Situationen, die bei ihr ein Schmunzeln hervorzaubern, sie lachen lassen. Sie hört gut zu, was Reiseführer berichten und gibt diesen in ihrer eigenen Art wieder. Sie liebt es, Menschen zu beobachten und deren Eigenheiten zu beschreiben. Dieses Buch ist der zweite Band aus der Frau Berger Reihe.

Über die Autorin:

Heike Marie entdeckt das Schreiben erst spät für sich. Bezeichnet sich selbst als Rechtschreibschlampe und freut sich immer mehr über jedes richtig geschriebene Wort.

Als Sie 50 wurde, bekam sie pünktlich zum Geburtstag eine Diagnose, welche einer längeren Behandlung bedarf. In dieser Zeit ließ Sie ihr Umfeld an dem Heilungsprozess teilhaben. Sie berichtete über Befinden und Befindlichkeiten. Das Schreiben empfand sie als Tagesaufgabe, welche ihr in der Zeit der Gesundung Struktur gab.

Und aus der Struktur ergab sich der Wunsch, weiter zu schreiben, die Dinge und vor allem das Leben um sie herum festzuhalten.

Heike Marie lebt und arbeitet nördlich von Berlin.

Frau Berger reist weiter

Von Heike Marie Berger

1. Auflage, 2020

© 2020 Heike Marie Berger

Bibliografische Information der Deutschen Nationalbibliothek: Die Deutsche Nationalbibliothek verzeichnet diese Publikation in der Deutschen Nationalbibliografie; detaillierte bibliografische Daten sind im Internet über dnb.dnb.de abrufbar.

Herstellung und Verlag: BoD – Books on Demand, Norderstedt
ISBN: 9783752687460
Umschlaggestaltung: Detlev Scheerbarth

Ägypten

Nach dem Urlaub ist vor dem Urlaub.

Unglaublich, es ist unglaublich, da freue ich mich, da freuen wir uns, seid August 18 auf den Urlaub, freue mich, freuen uns auf Sonne im Januar, freue mich, freuen uns, auf das Zusammensein, Zusammensein mit Mädels. Und dann kommt alles etwas anders.

Kurzzeitig bestand schon die Gefahr, dass wir nicht fahren, ich meine fliegen.

Aber von Anbeginn an.

Koffer ist gepackt, alles mit, Wecker gestellt und auch pünktlich los. Also für mich pünktlich los. Es gibt auch Leute in meiner Reisegruppe, für die war ich zu spät. Pünktlich los, Fahrt zum Flughafen, zu dem Parkplatz lief perfekt. Fast perfekt, die Ausfahrt zum Parkplatz verpasst und eine nette Ehrenrunde gedreht. Nur eine, eine kleine, eine ziemlich kleine. Mit dem Shuttle zum Flughafen. Der Check-in beginnt. Die coolste Typin in der Warteschlange, eine Dame sicher schon 70, eher älter, mit blonden Rastazöpfen. Superbraun gebrannt und geschminkt. Gewänder aus vornehmen Seniorenbeige, modern, keine Socken, Fußkettchen und mindestens 7 cm hohe Schuhe. Was sie wohl in Hurghada möchte?

Später dann werde ich mich mit einer Mitreisenden über die Dame unterhalten. Unser Fazit, sie hätte die Rastazöpfe, also das Geld dafür in Yogastunden investieren sollen. Wir zwei Lästerschwestern waren einer Meinung. Ihr Mann meinte, er Gänge sich schon mal anstellen.

Zurück zum Check-in. Wir stehen entspannt in der Schlange. Es ist Zeit ohne Ende vorhanden, wir sind tatsächlich zwei Stunden vor Abflug da. Was sind wir doch gut, richtig gut. Allmählich rücken wir nach vorn. Langsam, wir lachen, sind guter Dinge, schauen Menschen an und zu. Nicht mehr lange.

Check-in, wir drei ran an den Schalter. Pässe: da, Koffer: da, Flugscheine: da, Platzreservierung: da.

Und wo steht, dass sie 20 kg Freigepäck haben? Hä, was Gepäck. Oh jeh, was?, das Kilo

Koffer kostet 7 Euro. 7 Euro pro Kilo, ich hab 15, Netty 20 und Line 13 Kilo, zusammen 48 Kilo. Macht mal einfach so, Achtung ohne Taschenrechner gerechnet, also, macht 336 Euro. Ich fange an zu zittern und gehe in den Tunnel, in meinen persönlichen Tunnel absolut, alles ausblenden um mich herum, ein heimliches Ohm und ein zweites und ein weiteres. Alle Papiere angeschaut, die Mails gecheckt, das Portal der Fluggesellschaft geprüft. Wir waren inzwischen zur Seite getreten, die anderen Fluggäste zogen an uns vorbei. Wir waren ziemlich fertig. Ich komme langsam aus dem Tunnel. Kaufen wir die Koffer zu, dann ist das Urlaubs Budget von einer von uns weg. Geht vielleicht noch. Zurück aber dann dasselbe.

OH man, ich habe eine Pauschalreise gebucht, das geht wohl gar nicht ohne Gepäck.

Wir stehen, die Mädels schauen entsetzt, ich bin es und alle überlegen, ob wir nun fliegen oder nicht.

Ein halbes Jahr Freude, Reise gezahlt, Parkplatz gebucht, Plätze gebucht, Sonne erwartet. Und dann, und dann bleiben wir doch da, da, in der Nässe, in der Nässe, die in die Glieder kriecht, obwohl, heute hat es geschneit, etwas. Das als alternative, never ever.

Also wir stehen da mit unseren Koffern. Alle anderen sind durch. Wir auch, aber anders, das Wort hat hier eine andere Bedeutung.

Die Bodenstewardess "Haben sie was gefunden?" Natürlich nicht, ich zitterte weiter. Die anderen beiden mag ich gar nicht ansprechen, wir haben nichts gefunden und wollen eigentlich keine 336 Euro für die Koffer zahlen. Aber wir wollen in die Sonne, so wie die anderen auch.

Wir haben uns tatsächlich andere Flugscheine zeigen lassen. Dort steht neben dem Namen 20k, das Logo zum Glück, das Logo zur Sonne, das Logo für alle Wünsche, die wir gerade haben. Bei uns ist es nur nicht zu sehen. Wegen dieser drei Zeichen muss die Sonne auf uns verzichten. 20k kaum zu glauben.

Also, "Haben sie was gefunden?" "Nein, aber es ist doch eine Pauschalreise. Die geht doch gar nicht ohne Gepäck."

"Ich checke sie jetzt ein". Was bitte, hab ich mich verhört? Ich checke sie jetzt ein. Zittern, innere Tränen, Luftknappheit. Ich checke sie jetzt ein. Keine 336 Euro, kein zusätzliches Geld. Einfach nur, ich checke Sie jetzt ein, sie meint uns, uns checkt Sie ein, ja, uns drei und die Koffer, die 13 kg von Line, die 20 von Netty und meine 15. Einfach so. Jaaaaaa, Sonne ich bin auf dem Weg. Wir sind auf dem Weg nach Hurghada, der Weg in die Sonne. Wir kommen.

"I wish you a nice flight", ich wünsche euch einen guten Flug. Das war es doch, was ich hören wollte.

Wasser aus dem Shop, einen Kaffee direkt in den Becher To Go, in meinen mitgebrachten Becher To Go. Die Mädels holen noch Zeitungen. Der obligatorische Toilettengang und dann im Schnellschritt zum Gate, über die elektronische Passkontrolle, ein Projekt der EU.

Der Flug, der Flug steht nicht an der Anzeigetafel. Auch das noch, wo ist der Flug? Meine Lästerschwester meint, dass das Flugzeug bereits seid 7 Uhr da steht. Im Internet, auf der Flughafenseite steht der Flug, das Flugzeug ist da, wir haben Sitzplätze gebucht. Was soll passieren? So ein bisschen Verspätung, kann uns jetzt nicht mehr ärgern. Meine Lästerschwester schon. Ich lege ihr, ganz großmütig meine Hand auf ihren Arm und sage, "Die Zeit vergeht auch nicht schneller, wenn sie sich ärgern, also können sie es auch gleich lassen."

Unsere Freundschaft für den Augenblick war besiegelt.

Wir redeten ein bisschen über Ägypten und sie erzählte, dass ihr Mann im Ruhestand ist und eine Freundin im Reisebüro arbeitet. Diese Freundin bucht ihnen immer Angebote.

Leider habe ich so eine Freundin nicht. Ich mach das ja selber. Nur ohne Gepäck. Ich bin gespannt, was der Veranstalter zu der Verspätung sagt.

Das Boarding begann, ein Selfie auf der Treppe, ein Spaß mit dem Herrn aus der ersten Reihe, den Pass von Michael, aus der zweiten Reihe weiter gegeben und dann, da waren sie, unsere Plätze 8D, E und F. Tolle Plätze, wirklich toll. Wir starten, hinter uns ein Baby, und in der Nähe ein weiteres. Sie machen Krach und meine Ohrstöpsel sind im Frachtraum. Egal Hurghada, gleich, bald sind wir da.

Hurghada, da sind wir. Unser Gepäck ist auf dem Rollband. Da es als Letztes verstaut wurde, sollte es als Erstes rauskommen, raus aus dem Schacht, durch den alle Gepäckstücke kommen. Aus dem sie sozusagen ausgespuckt werden. Der erste Koffer gehörte nicht zu uns, auch der zweite und dritte nicht. Dann kam er, der Erste, der Koffer von Line, ähm ich meine Schnurzel, meine Reisefreundinnen haben sich kurzfristig für Decknamen entschieden. Purzel und Schnurzel. Also Schnurzel ist ja nun bekannt und dann bleibt für Netty ja nur Purzel übrig. Der Koffer von Schnurzel kam, eine Weile später dann der von Purzel. Und mein Koffer, er kam auch, eine ganze Weile später. Dazu habe ich eine Vermutung. Purzel und Schnurzel sind stolze Besitzerinnen von Weichschalenkoffern, ich selber habe eine Hartschale. Vermutlich liegt weich oben im Frachtraum und Hart darunter.

Andere Reisende erwarteten so wie wir die zweiten und dritten Gepäckstücke. Dadurch gab es ein Gedränge am Gepäckband. Zu der Farbgebung sag ich wenig, aber Seniorenbeige war dabei.

Mit unserem Gepäck ausgestattet über Visakauf und Passkontrolle. Aktuell kostet das Visum 23 Euro. Die Passkontrolle und der Visakauf waren vor dem Gepäckband. Wir haben alles, was notwendig ist, um nach Ägypten einreisen zu können erledigt.

Gleich sind wir da. Transfer ist, laut der Unterlagen inklusive, diesmal gibt es tatsächlich Unterlagen. Transfer vom Flughafen zum Hotel. Schwarz auf ökopapierfarbendem Papier. Wir fanden auch den Herrn, der die Plätze in den Kleinbussen für die Hotelverteilung vergibt. "Wir haben einen Zettel, einen Transferschein, einen Voucher." Der Herr hat auch einen Zettel. Einen kleinen Zettel in A5. Und wer glaubt, dass gerade alles klar geht, der hat sich tatsächlich geirrt. Auf seinem hübschen, kleinen DIN A5 Zettel stand der Name von Schnurzel mit einem weiteren Erwachsenen und einem Kind. Wer ist das Kind?

Aber wir hatten ja den Zettel. Wir warteten dann nicht auf einen der kleinen Busse, sondern wurden mit einer Limousine weg- und am Hotel vorgefahren. Wozu so ein kleiner Zettel doch gut ist.

Im Hotel selbst ist dann alles ok. Das Zimmer ausreichend groß, ein Leben aus dem Koffer wird es werden. Ich kann damit ja wirklich gut umgehen.

Das Meer, das Meer, es ist wieder ein Traum. Blau, klar etwas kühl zum "Am Meer sitzen" bestens geeignet.

Schnurzel, Purzel und ich überlegen, welche Ausflüge wir machen möchten. Klar sind bisher zwei. Ein Dritter steht noch zur Wahl. Ich hätte gern Wüste, die beiden lieber Meer. Meer ist auch ok, wenn es etwas Besonderes ist, etwas, was die zwei anvisierten Ausflüge toppen kann, zumindest, was das Potential dazu hat. Wir bleiben gespannt.

Als wir gestern auf den Mann trafen, der die Plätze in den Bussen zu den Hotels verteilt hatte, trafen wir einen alleinreisenden Herren. Recht eigentümlich. Er wunderte etwas rum, ob er denn der Einzige wäre, der in sein Hotel gefahren wird. Er erzählte davon, dass er einen Bericht sah, in dem von einem Hotel in Tunesien berichtet wurde, in dem nur wenige Gäste waren. 8 statt 800. Und nun hatte er bedenken, dass er auch in einem solchen Hotel landet. Mich hat es tatsächlich etwas weniger berührt. Wenn die 8 sich gut verstehen, ist doch alles gut.

Unser Hotel hat sich zum letzten Jahr etwas verändert, wir sind tatsächlich im selben Hotel und zur selben Zeit in Ägypten. Es gibt inzwi-

schen einen weiteren Pool und ein Wasserspiel-
bad für Kinder, von denen nicht viele hier zu
Gast sind. Ein Teil des Personals scheint gleich
geblieben und einige Urlauber scheinen hier
dauerhaft zu sein. Es gefühlt die gleichen, die-
selben, wie das letzte Jahr hier. Unser erstes
Getränk, ein Cola Zero Rum, war so stark, dass
es sich mit dem Alkohol erledigt hat. Zumindest
für den ersten Tag. Vom Abend, über den Abend
brauchen wir nicht viel zu sagen. Um 19 Uhr war
er zu Ende. Wir könnten feiern ohne Ende und
auf die Piste gehen, was machen wir? Nicht auf
die Piste, sondern in die Kiste. Purzel, Schnurzel
und ich.

24 Stunden im Hotel, und davon gefühlt 23 Stunden ohne Internet. Verrückt, es funktioniert. Das
W-LAN ist für mein Handy nicht gemacht.
Schnurzel hat ihr Handy schon ausgemacht und
Purzel hat sich W-LAN gekauft und ich, ich
ärgere mich von Zeit zu Zeit. Doch dann wende
ich mich wieder einem, meiner vielen E-Büchern
zu. Mein aktuelles spielt nicht am Roten Meer,
sondern an der Nordsee. In mein Buch ver-

sunken, Meeresrauschen im Hintergrund ist so ein Tag am Strand entspannend. Leider ist es tatsächlich noch frisch. Ein bisschen so, wie im späten Frühling an der Ostsee. Das Wasser ist kalt, aber mit etwas Überwindung kann man rein. Ich habe mich überwunden. Mit den Füßen war ich drin. Jeden Tag werde ich ein Stückchen mehr ins Meer gehen. So ist das Motto. Die Osteuropäer um uns herum sind ganzkörpernass. Der Mut kommt eher nicht aus sich selbst, sondern eher aus dem Mut der vielzähligen Rum- und Wodkatestungen. Hoffentlich kommen sie wieder aus dem Wasser heraus. Hoffentlich. Mir würde so eine Wasserleiche im Hotel nicht gut gefallen. Wir hatten Glück, sie kamen wieder aus dem Wasser heraus. Der Tag verging, Schnurzel und ich lesen Krimis, Purzel erst mal Zeitung. Der Strand wird bis zum allerletzten Moment ausgekostet. Solange, bis es schon etwas kühl wird. Das Handtuch, welches wir zum Abtrocknen mit haben, das welches wir nutzen werden, um uns abzutrocknen, falls wir ins Wasser gehen, wird zum Wärmen genutzt, nicht zum Abtrocknen. Unsre russischen, ich meine osteuropäischen Freunde ziehen langsam Richtung Bar und wir beobachten ein Highlight des Tages.

Ein sehr besonderes Fotoshooting. Weihnachts-
karten für das nächste Jahr werden von einem
Paar hergestellt. Hergestellt vor der traumhaften Kulisse des Roten Meeres. Gekleidet in
Badehose, Weihnachtsmannjacke und einer
Weihnachtsmannmütze posiert ein Herr mit
einer großen Muschel, einer Muschel, die aussieht, als wenn diese aus der Südsee stammt,
nicht aus dem Roten Meer. Aber für das perfekte
Foto wird schon das eine oder andere Beistück
hingelegt. Später werden wir noch einen kleinen
Plastikblumenstrauß erleben, wie viel Kitsch.

Nachdem der Herr genug posierte, wie die
Frau in einem Weihnachtsfrauumhang gewandet
und gesellt sich zu ihrem Liebsten. Die Foto-
grafin springt um beide herum und wir, wir
schauen zu. Wir geben tatsächlich keine
Kommentare ab. Wir lächeln freundlich und
unterhalten uns später darüber. Wir lästern
nicht, vielleicht ein bisschen, ein ganz kleines
bisschen. Also erst als die Fotoassistentin ein
rotes Negligé, einen roten Spitzenunterrock
rauskramte und die Frau diesen über ihre
Unterwäsche zog, kicherten wir in uns rein. So
richtig toll war es tatsächlich nicht geworden.
Getoppt wurde das ganze dann von einem rosa

Nachthemd, zumindest sah es für mich so aus, mit besagtem Plastikblumenstrauß. Der Mann muss seine Frau sehr lieben, wenn er sowas mitmacht.

Mein W-LAN Problem im Hotel besteht weiter und raubte mir tatsächlich Urlaubs- und Lebenszeit.

Irgendwann gab ich es dann auf. Grundsätzlich kann ich damit leben, nur ... Ach ja.

Ein Reiseleiter gab uns einen Tipp. Ein Kaffee auf der anderen Seite der Straße, dort gibt es gutes, starkes Internet, wenn man sich einen Tee oder Kaffee bestellt. Drei Angstmenschen, also Menschen mit Bedenken, fassen sich ein Herz und laufen los.

Was soll uns schon passieren? Wir sind in einer Stadt voller Touristen, viele Europäer, wir schaffen es. Wir schafften es. Bis zum Café, vorbei an kleinen Läden, in denen jeder etwas anzubieten hat, vorbei an dem Restaurant, welches die Weltherrschaft im Fastfoodbereich besitzt. Wir finden das Café, es ist nicht schön, es hat eher den Charme eines Imbisses. Hauptsächlich Männer, Shisha rauchend, Tee trinkend und, es ist wirklich neu, Fußball schauend. Der

Tee war lecker, das Internet war stark und ich war glücklich.

Am Abend dann das Allerbeste, das aller, aller beste. Essen am Pool, 19. Januar und, und wir sitzen draußen am Pool und genießen den Abend. Großartig, einfach großartig. Es war wieder ein ruhiger, schöner Abend, geendet mit, nicht feiern und Party, obgleich, wir tranken einen Cocktail, einen Cocktail, der für uns zu stark war. Viel zu stark. Also endete der Abend wieder zu zeitig im Bett. In Deutschland war es 19 Uhr. Wir haben Urlaub.

Die auffälligste Frau in unserer Hotelanlage ist angekommen. Eine Amy Winehouse, für Arme, sagte ich zu den beiden. Zu Purzel und Schnurzel. Sie, also die Hotelamy, sieht schon verdammt auffällig aus. Ihr Typ passt nicht so richtig zu ihr, nicht, dass er nicht besonders ist. Hier für die Anlage ist er es schon. Mit seinen langen Haaren und seiner schwarzen Kleidung wirkt er wie ein Metalfan. Nicht das ich Ahnung habe, aber so stelle ich mir das vor. Im Takt des lauten Grölens, sorry liebe Metalfans, den Kopf und dazugehörigen Haarschopf nach vorn und hinten zu schleudern. Sofern überhaupt Takt erkennbar ist. Wie gesagt, ich habe keine Ahnung, aber genau so stelle ich mir das vor.

Sie vermutlich ganzkörpertätowiert, bis dorthin, wo bei den anderen Reisenden der Doppelkinnansatz ist. Sie, diese beiden Coolen passen nicht in eine solche Anlage und schon gar nicht in Allinklusive. Wir auch nicht wirklich, aber Sonne im Januar zu dem Preis ist nur so realisierbar.

Und vermutlich geht es den beiden genauso.

Warum konnten wir diese beiden bei der Anreise beobachten? Weil wir seid 6:10 Uhr, Achtung in Deutschland ist es 5:10 Uhr, auf der Straße vor dem Hoteleingang standen. Eine Stunde das Leben auf der Straße beobachten, die Angestellten unseres Hauses kommen sehen, Sammeltransporte in andere Beschäftigungen, die Touristenpolizei, die die Bücher unseres Hotels kontrollierte und nebenbei erlebten wir, wie der Tag kam, wie es von Minute zu Minute heller wurde. Es war zu beobachten, dass das ganze Plastik, welches rumlag, von einem Sammler aufgesammelt wurde, das ein auffälliger Ford mehrfach, ich glaube, es war viermal, an uns vorbei fuhr und eine Nobelkarosse es auch zweimal schaffte. Die Polizei stand noch immer da, als uns entschlossen zum Frühstück zu gehen. So zeitig waren wir noch nie dort. Ein weiterer Strandtag startet. Viele Menschen um die fünfzig oder älter, osteuropäischer Ursprünglichkeit. Frauen wie Männer sehr wohl genährt. Junge Frauen mit kleinen Kindern und eine Hand voll Rentner. Ein Rentnerpaar aus Norddeutschland bleibt gleich vier Wochen hier.

Das Wetter heute ist eher wechselhaft, nicht zwischen Regen und Wolken, sondern zwischen Sonne und Wolken. Wir lesen entspannt, lassen uns von den diversen Strandangeboten erzählen. Purzel trägt inzwischen Tattoo. Hier als Strandangebot zu bekommen. Der Tätowierer erzählt, dass er eigentlich Grafikdesigner ist. Er hat bis 2001 on Kairo Grafik studiert. Hat dort 400 ägyptische Pfund im Monat verdient und ist dann für eine Saison nach Hurghada gezogen. Der Verdienst war zehn Mal so hoch. Da ist er hiergeblieben. Hatte erst einen Basar, ich vermute, er meinte einen Laden und hat sich dann ein kleines Studio gekauft. Zwei mal in der Woche ist er hier im Hotel in und bietet seine Tattoos an. Und Schnurzel hat nun eins. Der Tätowierer hatte 5 Jahre lang eine Freundin in Hoyerswerda, in Hoyerswerda, das muss man sich mal vorstellen. Hoyerswerda, viermal war er schon dort. In Hoyerswerda. Das Tattoo von Purzel, kein Echtes. Eins aus Henna, einen Feuervogel, der ein bisschen, aber nur ein ganz kleines bisschen an den Brandenburger Adler erinnert. Joseph, so ist der Name des Tattookünstlers, wird später nochmal nach Purzels Adler, ich meine, Feuervogel, oder besser, Phönix schauen und in den Zusammenhang Schnurzel fragen: "Warst du schon im Wasser?" "Nein" wird Schnurzel sagen. Joseph "Dann geh bitte" Purzel und ich bekommen einen Lachflash, so einen von der Sorte, der hinter den ihre weh tut, der Tränen in die Augen treibt und mindestens fünf Minuten andauern wird. Schnurzel und Joseph lachen irgend wann mit. Gerade sind wir die lauteste Lagerstätte am Strand.

Schnurzel wird nicht ins Wasser gehen, aber mit Joseph zu den Doktorfischen. Das sind die, die mit Vorliebe an den Füßen knabbern. Hoffentlich sehen wir sie wieder, die Schnurzel. Wir sehen sie wieder, wir haben wirklich großes Glück und Freude. Sie hatte die Wahl. Die Wahl den Fischmann, den Besitzer der Doktorfische, zu ehelichen oder mit uns zu urlauben. Sie entschied sich für uns. Es gab doch tatsächlich einen Heiratsantrag, so einen richtigen, echten. Aber wie hätte er sie bezahlen wollen, mit Fischen? Ich weiß es nicht, er selber auch nicht. Unsere Mahlzeiten, außer dem Frühstück, versuchen wir am Pool einzunehmen. Es ist pures Glück, im Januar am Pool zu sitzen und zu essen. Selfservice, und fast falle ich in den Selbigen. In den Pool. Nicht nach vorn, sondern nach hinten geschaut, da war sie dann schon die Poolumrandung und ich konnte gerade noch stoppen. Ich wäre das Thema, das Gesprächsthema des Tages gewesen, noch vor Amy.

Warum standen wir so zeitig auf der Straße, es war weder senile Bettflucht noch die Sehnsucht nach unserem Servicepersonal. Es war auch nicht der Wunsch zu sehen, wie die Stadt erwacht. Nein, wir wollten einen Ausflug machen. Einen so schönen, tollen, wunderbaren Ausflug.

Nun machen wir ihn am Mittwoch.

Hätten wir ihn heute gemacht, hätten wir die anderen Dinge nicht erleben können.

Und Mittwoch ist das Wetter besser. Wirklich.

Eins mit mir, in Blau, Weiß und glitzern. Das Meer, das Rote Meer, darauf, nicht darin. Ein weißes Boot. Blaues Meer, verschiedenste Blautöne vom Dunkeln bis zum hellsten Blau, Türkise Stellen. Ich will alles aufsaugen, aufheben für später.

Ich bin nicht immer da, sagt das Glück, aber ich pflanze dir eine Erinnerung in dein Herz. So ist der Moment. Mein Moment, auf dem Vordeck eines Schiffes.

Die Erinnerung, die eingepflanzt wurde, besteht aus einigen Delphinen, die wir besuchen durften, die sich uns zeigten. Unglaublich schön. Diese stolzen Tiere, nur ein paar Meter entfernt. In ihrer Umgebung, der natürlichen Umgebung, wenn man alle andern Schiffe wegdenkt. In meinem nächsten Leben werde ich irgendetwas auf dem Meer machen. Vielleicht Reiseführerin, natürlich so, dass ich nicht auf Einnahmen angewiesen bin. Die Idee gefällt mir gerade richtig gut.

Paare, welche mit ins reisen lassen sich in umgekehrter Titanicpose fotografieren, das macht Urlaubsstimmung, vermute ich. Ich kann mir nicht vorstellen, dass sie das auch zuhause machen würden. So auf einem Spreedampfer oder noch besser, auf einem Spreewaldkahn. Umgedrehte Titanicpose ist, wenn die Paare an der Spitze des Bootes stehen und die Arme auseinanderreißen, so wie es auf der Titanic von Kate und Leo vorgeführt wurde. Nur die Reisenden auf unserem Schiff schauen nicht auf das Meer, sondern auf das Schiff, besser zu dem Fotografen. Hatte ich schon erwähnt, dass heute der 22.1. ist und ich im Tankini, farblich passend zu Meer und Schiff auf dem Deck liege, hey ich im Wind, im Sonnenschein mit den Mädels. Unser Reiseleiter Mohamed, irgendwie heißen die Reiseleiter immer Mohamed, erzählte uns Geschichten. Geschichten aus seinem Leben. Er spricht russisch, deutsch und arabisch. War bisher noch nicht in Deutschland. Russisch spricht er besser. Mohamed ist 29 und war bereits, besser ist bereits das dritte Mal verheiratet. Mit einer Ägypterin. Diese ist jung und dazu da, seine Kinder zu gebären und zu erziehen. Vorher war er mit zwei Russinnen verheiratet, obgleich wir nur von einer Scheidung wissen. Sollte es nur eine gegeben haben, ist es nicht so schlimm, er darf gleichzeitig vier Frauen geehelicht haben.

Was er verdient, das wissen wir nicht, seine Mutter verdient 150 Euro, sie ist beim Staat angestellt. Sein Bruder als Ingenieur 1200 Euro, ein Polizist 600 und das Militär 900 Euro. Innerhalb der letzten drei Jahre ist der Euro von 1 Euro zu 4 ägyptische Pfund auf ein Euro zu 20 ägyptische Pfund gestiegen. Deshalb werden alle sehr gern unsere Euros nehmen.

Mohamed hat zwei Töchter und heißt doch nicht Mohammed, sondern Mahmoud, gesprochen Machmud, das kann man sich gut merken "mach Mut". Nur bei mir heißen alle Mohammed. Unser Platz auf dem Vorderdeck ist exponiert. Eben wurden Leo und Kate nachgestellt. Als sie sich küssen sollten, stellte sich heraus, dass sie Geschwister sind. Erwachsene Geschwister verreisen zusammen. Ist das schön.

Ein Stück sind wir mit einem Motorboot auf dem Meer gefahren. Es war ein Erlebnis, wer gern Achterbahn fährt, für den war es ein schönes Erlebnis, für mich weniger schön, ich bat Schnurzel, welche inzwischen auf dem Boden des Bootes saß, es mir nicht übel zunehmen, falls ich sie anko ... würde. Ich hab das Wort tatsächlich gesagt. Purzel steuerte das Boot, sie steuerte uns über Wellen. Der richtige Steuermann unterstützte sie.

Mittagsstunde, essen auf dem Schiff. Wir bekamen Fischsuppe und diverse andere Speisen, Fisch, gegrilltes Fleisch, Kartoffeln, Nudeln, Reis, Garnelen und Salate. So lecker, das toppte sogar unser heutiges Frühstück, unser Frühstück am Pool.

Nach dem Mittagessen war ich dann doch im Wasser, als erstes einen großen schluck Salzwasser, dann funktionierte es mit den Flossen nicht so richtig. Also Flossen zurück aufs Boot. Zwischenzeitlich beschlug die Brille und was noch schlimmer war, die Truppe war weg. Also hinterher, Schnurzel dreht um, Husten, wie blöd. Purzel holt auf und ich, ich sehe inzwischen nichts mehr, also auch zurück.

Das Fotoshooting auf dem Schiff mit uns dreien begann recht nett. Posen über der Reling. Und dann hatte ich echt keine Lust mehr, keine Lust auf das Spiel mit dem Shooting. Beim nächsten Mal bin ich von Anfang an raus.

Wir haben einige Leute kennengelernt, sind uns klar geworden, dass wir so einen schönen

Tag, eine schöne Zeit hatten. Und dass wir diese nur schätzen können, weil wir wissen, dass so etwas nicht selbstverständlich ist.

Und nun in Echtzeit fahren wir schon in Richtung Hurghada, die Skyline ist am Horizont, ich hoffe sehr, dass die Fahrt noch ein paar Minuten dauern wird.

Heute ist der Dankedani-Tag. Danke an Dani für den wunderschönen Tipp, für den Tipp, einen, diesen ganz besonderen Ausflug zu machen. Heute ging es dann tatsächlich zehn nach sechs vom Hotel los. Der Tag war noch nicht so richtig da. Er brauchte noch ein paar Minuten, um wach zu werden. Er schickte ein paar lila Strahlen, um sich anzukündigen. Sie, die lila Strahlen, waren am Strand des Hotels zu sehen, nur kurz, ein kurzer Blick. Wir hatten keine Zeit weiter zu genießen. Unser Transfer zum Ausflug ging los. Selber Ort, selber Hafen wie gestern, direkt neben dem Boot von gestern. Ablegen um halb sieben, Ausfahrt aus dem Hafenbecken und die Sonne ging über dem Meer auf. Langsam, unaufgeregt kam sie aus den Wellen. Sonnenaufgänge mag ich so gern.

Das Schiff mit vielleicht 12 oder 13 Leuten und gut Personal besetzt. Die Mitreisenden sind ausgesprochen nett. So richtig nett, ein paar, vielleicht Anfang mitte vierzig haben sich vor zwei Jahren in einem Sporthotel kennengelernt. Die beiden sind so herrlich. Ich fragte sie, wie sich denn kennengelernt hätten, so richtig habe ich das noch nicht rausbekommen, aber bald weiß ich es.

Auf alle Fälle hatte sie ihn schon ein paar Tage lang beobachtet und fand ihn ganz schnuckelig. Jetzt fahren sie jährlich zum Jahrestag in das Hotel und feiern ihr Zusammensein. Dieses Jahr sind sie das dritte Mal dort. Wohnen ansonsten in Rostock, sehr nah am Meer. Ein liebes Paar und das meine ich so, nicht Liebespaar, obwohl sie auch das sind. Später werden wir Nummern tauschen und uns für ein paar Tage verabreden. Spätestens dann werden wir die Kennlerngeschichte vollständig hören. Eine weitere Dame kommt aus München, 50, sie ist gebürtig aus Rostock. Ihre Eltern sind mit ihr 1979 aus der DDR ausgereist. Die Eltern selber leben wieder in Rostock, das Leben als Rentner ist nicht finanzierbar im Raum München. Sie arbeitet als Pharmareferentin. Ein aussterbender Beruf, wenn ich ihr glauben kann. Sie hat blendend weiße Zähne, made in Ungarn und mag gern den osteuropäischen Raum bereisen. Da sind wir uns ja einig. Aber sie möchte auch den ägyptischen Tourismusmarkt, die Tourismusbranche aufmischen. Würde gern Verkaufsschulungen geben und hätte da richtig Spaß dran. Ob die Ägypter auch, wir wissen es nicht.

Ein Herr arbeitet bei der Bahn. Als Schaffner, ich habe ihm dann erläutert, dass es nicht mehr Schaffner heißt. Wusste er schon.

Was wir uns alle erzählen, Krimiautoren, Fernsehsendungen und was weiß ich noch.

Irgendwie gibt es immer Themen auf dem Schiff. Wenn die anderen im Wasser sind und dir selbst langweilig ist, spricht man einfach jemanden an und hat Unterhaltung. Am Ende dieses Ausfluges wird jemand sagen, es war wie füreinander ausgesucht. Ich sage, manchmal passt es einfach. Der Ausflug ist ein Traum, Ziel ist es Delfine zu sehen und es hat geklappt. Es hat wirklich geklappt. Es dauerte etwas, bis sie sich entschieden hatten, mit uns Kontakt haben zu wollen, es dauerte wirklich. Die ersten sahen wir dann inmitten einer großen Gruppe anderer Boote. Samir, unser heutiger Reiseführer, wir haben heute einen anderen Reiseführernamen, Samir wollte nicht mit uns in die große Gruppe von Booten fahren. Er wartete geduldig und die Wassergänger, also, die Leute, die ins Wasser gingen, sahen sie. Die Delphine. Diese Gruppe hatte nicht richtig Lust, mit uns zu spielen. Ich meine die Delfingruppe. Dennoch war es ein Erlebnis.

Das Sonnendeck war meins. Das vordere. Der Wind, die Sonne, das Meer und ich. Mit einem Mal "Mittag ist fertig". Ich hatte richtig Hunger. Lecker, richtig lecker. Hatte ich schon von dem morgendlichen Darmproblem berichtet? Dank der "Dendarmzumstopfenbringentablette" brauch ich es auch nicht mehr. Ich meine, davon zu berichten. Danke Wissenschaft, danke Chemie, danke "Dendarmzumstopfenbringenta-blette".

Auf dem Boot unserem Boot gab es Früh-stück, Mittag, eine Auswahl von Köstlichkeiten, Obst und zum Abschluss Krapfen. Tolles Essen.

Wir sind beim Mittagessen und genau in dieser Zeit kam eine Gruppe von 4 Delfinen auf uns zu, auf unser Boot zu. Das Essen wurde abgebrochen, es gingen viele ins Wasser. Ich bin nicht dabei, ich sage nur Darm, ich hatte Angst.

Richtig doof. Gleichwohl machte es Spaß zuzuschauen, sie, die Delfine zeigten sich immer wieder, schwammen vor der Menschengruppe her, kamen zurück, manchmal schwammen sie an der Seite hin und her. Die Guides machten echt einen guten Job. So ein bisschen hatte ich das Gefühl, dass die Guides die Delfine kennen und sie deshalb zu uns kamen. Samir sagte, geht schnell ins Wasser, sie sind in Spiellaune. Dieses Erlebnis war irgendwie erdend, obwohl wir auf dem Wasser sind, waren. Die Natur. Es ist so schön. Wenn man Delfine trifft, soll man diese nicht anfassen, wegen des Austausches von Bakterien(?). Das bekommt weder den Delfinen noch uns. Verstehen wir ja, aber die Versuchung ist schon groß.

Wir werden, mittels eines Schildes gebeten, das Toilettenpapier nicht in die Toilette, sondern in einen dazugehörigen Eimer werfen, machen wir, wir achten darauf, das Meer, die Meere sauber zu halten. Ich sag mal so, dann können wir auch ins Meer pischern. Wenn es eh ins Meer geleitet wird. Ohne Papier.

Und dann war ich im Meer, in einem Schwarm kleiner Fische, Silber mit blauen Streifen, ich war mitten zwischen ihnen, mitten drin, wie in einem Aquarium. So für mich, keiner weiter, ein Gefühl von weite, nur Meer, egal, in welche Richtung ich schaute. Wenn ich dem Boot abgewandt war, dann war ich ganz alleine, allein, allein, bis, ja bis der Herr von der Bahn ins Wasser sprang, vom Oberdeck des Bootes. Erst allein und dann mit der Dame aus München. Mutig. Mein Platz, ich war noch im Wasser, war, der Beste, um diese Spektakel zu sehen, zu bewundern. Wirklich der Beste. So ein bisschen hatte ich ja gehofft, dass irgend ein Kleidungsstück wegknallt. Wir hätten sicher richtig zu lachen gehabt. Dieser Wunsch ging nicht in Erfüllung. Glück für die beiden. Spaß hatten wir trotzdem.

Was gibt es noch zu berichten? Samir, der Eigner des Schiffes ist in Berlin Lichtenrade aufgewachsen, seine Mutter ist Deutsche, seine Frau auch und die Familie seines Vaters kommt aus Kairo. 1999 ist er nach Hurghada, das weiß ich nicht genau, gekommen und 2005 hat er sich überlegt, diese Touren anzubieten. Und ab heute hat er neue Fans, Schnurzel, Purzel und mich. Diese entspannte unaufgeregte, mit so viel Liebe zum Meer und zu den Tieren und Menschen organisierte Tour mach ich unbedingt ein weiteres Mal. Purzel sagt, sie macht mit.

Mensch jetzt habe ich meine Blutdrucktablette vergessen. Ach her jeh, ich muss meine Schilddrüsentablette nehmen. Dann kam noch eine Schmerztablette ins Spiel. Das passiert dir nur, wenn du im entsprechenden Alter bist. Mit 20 oder 30 begannen Tage nicht so.

Der letzte Tag, unser letzter bricht an. Frühstück am Pool. Dann, danach werden wir aufbrechen, ein letzter Ausflug, ein Ausflug über das Meer nach Mahmyha, ausgesprochen Machmeja. Ein Ort, der Ort, auf den Giftuninseln vor der Küste Hurghadas. Die Insel, auf der für uns ein bisschen Karibik nachempfunden ist.

Irgendwie ist es heute anders. Als der Transfer kam, kam direkt der Hotelwachmann hinterher und registrierte das Auto, den Transfermann und auch unseren Zettel.

Vor der Marina, diesmal eine andere, stand Polizei, schätzungsweise 6 vielleicht auch 7 Polizisten, davon einige mit Gewehren. Der Zugang zu der Marina ging über Taschenkontrolle. Es ist so eigenartig, ein eigenartiges Gefühl.

Die Überfahrt, etwa eine Stunde, ist wie immer, toll. Dieser, der heutige Fahrtwind ist wärmer als die Tage vorher. Allerdings bringt er uns auch mehr Wellen. Für den Inselaufenthalt semioptimal. Die Anlandung verlief ohne Probleme. Was sollte auch passieren? Wir sind inzwischen erfahrene Seefahrerinnen. Die Insel selbst ein, ich muss es zugeben, ein nachgemachter Karibiktraum. Hellblaues Wasser, Helltürkis eher. Der Sand fast weiß von weitem, aus der Nähe dann sehr helles beige. Gebaute Sonnenschirme, bedeckt mit Palmenblättern. Die Lagerstätten in den verschiedensten Blautönen und Mustern.

Unser Platz ist in der ersten Reihe. Das musste ich unbedingt haben. Es hat geklappt. Geklappt deshalb, weil ich einen Herren überholte, der gerade seinen Rucksack auf die Matte legen wollte.

Dieser Rucksack, der des Mannes, war schon Grund eines kleinen Ärgernisses.

Auf der Überfahrt sollten wir deutschsprachigen Reisenden in den "Salon" kommen. Einige saßen dort bereits, gemütlich. Auch der Rucksack. Einige Menschen rückten zusammen und machten Plätze frei. Der Rucksack blieb stur sitzen und neben ihm sein Besitzer. Ich stand, Purzel auch, der Rucksack saß. Und nun haben wir unsere Lagerstätte in der ersten Reihe. Der Herr in der Letzten.

Neben uns lagert ein Pärchen aus Spandau, Berlin Spandau. Harley Fahrer, die Werkstatt der Harley ist in Potsdam, weil die im Osten netter sind. Isso. Von der einen Woche, die die beiden hier sind, verbrachten sie drei Tage im Bett. Nicht, was jetzt gedacht wird, nein, wegen einer mitgebrachten Erkältung. Von den Tagen außerhalb des Bettes verbringen sie dann zweit Tage auf der Insel, auf unserer Insel. Was haben die beiden den dritten Tag gemacht? Ich trau mich nicht zu fragen.

Auf jeden Fall hat er die coolsten Turnschuhe an. Sneaker einer amerikanischen Marke in Gold, anders als die, die ich kenne. Er sagt, diese sind direkt aus Amerika importiert. Ich musste ein Foto von den Schuhen machen, um diese später jemandem zu zeigen, der sich mit Schuhen auskennt. Derjenige fand die Schuhe gar nicht cool. Ich dann auch nicht mehr.

Der Wind wird nicht weniger, aber die Sonne setzt sich den Wolken gegenüber durch. Ich hoffe, es wird noch was mit uns. Mit mir, mut uns und dem Meer.

Gerade sieht es nicht so aus, als ob es eine Chance geben wird. Der Wind wird gefühlt heftiger, inzwischen haben wir, habe ich das Handtuch umgebunden. Bewundernswert sind die Gäste, die tatsächlich im Wasser sind. Das Reingehen ist vermutlich das kleinere Übel. Richtig schlimm wird es beim Rauskommen.

Dennoch ist es ein Traumort. Für das Wetter kann keiner etwas.

Mittagessen, die Schnorchelgruppe verspätet sich mit der Rückfahrt. Es ist nichts passiert. Allerdings war das Essen zu 12:00 Uhr angesagt. Was machen wir? Um das ganze Getriebe nicht durcheinanderzubringen, werden wir um 12:00 Uhr essen gehen. Sind wir dann auch. Das übliche Essen, nicht schlechter, aber auch nicht besser als im Hotel.

Die Schnorchler kamen mit dreißig, nein einunddreißig Minuten Verspätung. Da waren wir bereits mit dem Essen fertig. Es dauerte wohl wegen der Wellen etwas länger.

Mein Eindruck ist auch, dass es immer mehr Wellen gibt. Freude auf die Rückfahrt macht sich breit.

Auf der Hinfahrt trafen wir zwei Engländerinnen. Beide um die 70 und so, wie man sich englische Damen vorstellt. Mit Hut und langer Bluse. Ein bisschen tattrig auf den Beinen. Das ein und aussteigen on das Boot viel Ihnen schon etwas schwer, die Balance zu halten noch mehr. Dennoch machten sie den Eindruck, voll im Leben zu stehen, irgendwie cool.

Mittagspause, Purzel und Schnurzel liegen und versuchen zu schlafen, ich lesend erstaunlicherweise geht das hier ohne Brille. Es ist trotz der Wolken so hell. So ein kleines bisschen freue ich mich über das Wetter, es ist so anders als erwartet, vermutlich aber einprägsamer. Unser Lagernachbar meinte, das er nicht mehr nach Ägypten kommt, lieber fliegt er dann nach Thailand. Weiß ich nicht, erstens ist es eine Preisfrage und zweitens ist zu überlegen, ob sich die lange Flugzeit für einen Badeurlaub für eine Woche lohnt. Als ich mal eine Fernreise hatte, brauchte ich drei Tage, um wieder richtig zu funktionieren.

Purzel, Schnurzel und ich wollen nächsten Januar gern wieder hierher kommen. Letztes Jahr hatten Purzel und ich uns auch für dieses Jahr verabredet. Und nun sind wir hier, auf der Insel. Ein Käffchen mitten im Sand, vor uns das Meer, Wellen und Wellen und Wellen. Und darin badet eine Familie, Mama, Papa und zwei kleine Jungen. Papa versucht, alles auf dem Handy zu verewigen. Dazu muss er allerdings peinlich genau aufpassen, dass keine der Wellen ihn umwirft. Oder vielleicht sollte er doch umfallen, dann hätten wir den Dichtigkeitstest des Handys. Ich bin gerade etwas ambivalent. Was ist, wenn es dann doch nicht wasserfest ist. Allerdings, er provoziert es ja. Die Jungs sind wild, einer heißt Fabian. Vermutlich der Größere. Fabian ist angstfrei, die Eltern vermutlich auch. Sie stehen im Wasser und erzählen. Fabian rennt zwanzig Meter weiter ins Wasser hinein. Die Eltern rufen nur. Bin ich zu ängstlich? Bestimmt. Nicht.

Mit dem Wasser mit dem ins Wassergehen hat es dann nicht mehr geklappt. Wir sitzen ziemlich nah dran, doch nicht drin. Purzel betreibt Sandmalerei, Schnurzel und ich schauen in die Welt, in die weite des Meeres und in das Blau und denken an. Ja an was? Vermutlich an den Januar 2020. Ja, das sind gute Gedanken.

Auf der Lagerstätte neben uns sind inzwischen die Namen ausgetauscht worden. Ein paar, also das aus Spandau, aus Berlin Spandau ist türkischstämmig. Berat und Celiha. Die anderen beiden heißen Bianca und, ja wie denn noch. Auf alle Fälle kommen sie aus Verden. Sie unterhielten sich über ihre Jobs. Berat scheint Dachdecker zu sein, Bianca Verkäuferin. Der Mann zu Bianca scheint selbstständig zu sein und gern über Geld zureden und über Schnäppchen. Schnäppchenhaus, Reihenmittelhaus für 55 tausend Euro, 100 tausend hat er dann noch reingesteckt. B schien das sehr zu interessieren. Angestachelt von dem Interesse, erzählt der Namenlose noch die Geschichte seines Schnäppchenfernsehers, eigentlich 3300 Euro, gesenkt auf 2030. Da musste er zuschlagen.

Fernseher gekauft, an die Wand geschraubt, angemacht, er ging aus, wieder angemacht, er ging wieder aus. Das wiederholte sich mehrfach, bis dieser Fernseher getauscht wurde. Neuer Fernseher, an die Wand gebracht, kein Bild, nur gekriselt, zurückgebracht und der Verkäufer sagt, das hast du selbst gemacht. Ich nehme den nicht zurück. Das bewegt den Namenlosen so sehr, dass er es unbedingt auf dieser schönen Insel erzählen muss. Er konnte nicht genießen, wir schon. Und wir konnten zuhören, nicht lauschen, das war nicht nötig. Er sprach laut genug.

Unsere Zeit ist um, wir reisen zurück, auf dem kleinen Boot sitze ich neben der englischen Dame, sie kann nicht schwimmen und klammert sich an mir fest. Sie lebt nicht am Wasser und mag meine Fußnägel.

Die Fahrt war anstrengend. Hatte ich heute schon mal über Wellen geschrieben? Es waren Wellen da und wir spüren sie, auch auf dem großen Boot.

Schnurzel, Purzel und ich sitzen seitwärts auf dem Vorderdeck, genießen den Wind und ein bisschen die Sonne. Halten Körperspannung, damit wir immer schnell bei einem Seitwärtskippen des Bootes reagieren können. Und ganz ehrlich, zwischenzeitlich ist mir etwas schlecht.

Der heutige Reiseleiter heißt wieder Mohammed, diesmal wirklich. Er war so, ich weiß nicht, wie ich es beschreiben soll, er war so wenig präsent bei uns. So richtig erlebt haben wir ihn nur, als das Trinkgeld gesammelt wurde. Der Mohammed.

Da stehst du am Check Out im Hotel, bist bis zu diesem Moment noch richtig gut drauf, also so gut drauf, wie du um eins früh sein kannst.

Bist durch die nächtliche Anlage mit dem Koffer gegangen, reflektierst auf dem Weg schon mal die letzten Tage, denkst über das schreckliche Essen im italienischen Spezialitätenrestaurant nach, siehst Amy in der Bar sitzen und kommst so langsam am Tresen an.

So gut drauf, wie man, speziell ich um diese Zeit sein kann.

Und dann sagt der Night Auditor "Moment". Er sagt einfach Moment. Es gibt ein Problem, ein Problem mit dem Zimmer. Das Problem ist, dass ein falscher Löffel auf dem Tisch liegt und die Angestellten der Auffassung sind, dieser Löffel wurde von uns ausgetauscht. Weil wir den, der in das Zimmer gehört wohl gestohlen haben. Was mir aber unverständlich ist, ist warum die Bediensteten davon ausgehen, dass in dem Zimmer drei Löffel waren, wo es doch nur zwei Tassen vorhanden waren. Unverständnis meinerseits. Unverständnis bei Schnurzel und Purzel. Unverständnis bei uns allen. Irgendwann hatte ich, hatte Schnurzel keine Lust mehr zu diskutieren. "How Match?" Drei, drei Euro, drei Euro dafür, dass ein Löffel zu viel im Zimmer lag.

"Erst schön Trinkgeld kassieren und dann wegen eines Löffels stressen." Sagte jemand.

Es ist echt ärgerlich. Aber nicht so, dass dadurch der komplette Urlaub schlecht ist, oder war. Aber es ist ein blöder Nachgeschmack. Ein unschöner Abschluss.

Die Fahrt zum Flughafen, durch das nächtliche Hurghada, war spannend. Es scheint ein Nachtleben zu geben. Leute, die vom feiern kommen, junge Leute eher. Es ist ja erst kurz nach eins. Die Bar im Hotel war auch noch voll. Es schien nicht mehr genügend Alkohol zu geben. Ein Herr, der uns überholte sprintete mit einer Flasche Wodka an uns vorbei. Purzels Freund bezeichnete uns als Feiermäuse, nein, als Partymäuse, natürlich ironisch gemeint. Einige Tage waren wir bereits 19 Uhr (deutscher Zeit) im Bett. Das hatten wir alle so nicht erwartet, aber es störte keine.

Nach dem tollen Ausflug am Tag wollten wir den letzten Abend nett ausklingen lassen. Wir reservierten uns Plätze in einem der Spezialrestaurants. Es war der besagte Italiener. Zu 20:00 Uhr waren die Plätze bestellt. Schnurzel,

Purzel und ich waren pünktlich dort. Unser Tisch war frei und wir konnten direkt Platz nehmen. Als Begrüßung hab es einen giftgrünen Cocktail im Weißweinglas. Nach dem Rezept fragte ich nicht. Purzel orderte einen weiteren. Für mich gab es dann Rotwein, leider auch nicht lecker. Ich freue mich dann auf einen Wein zuhause. Das Essen war so, dass ich dort nicht ein weiteres Mal reservieren würde. Und werde, falls es uns im Januar 20 erneut in dieses Hotel treibt. Darüber denke ich nochmals nach. Ich sage nur Löffel. Zwei fast drei Stunden Schlaf, von kurz nach neun bis 0:30 Uhr. Das sind ja mehr als drei Stunden. Wenig, aber besser als kein Schlaf.

Meine Vorstellung, wir Partymäuse ziehen vom Getränketresen zur Bar trinken uns einen an und reisen dann ab. Die Löffelgeschichte hätte dann sicher weniger genervt. Allerdings hätten wir das Prozedere, die Prozedur am Flughafen Hurghada nicht überstanden. Auf keinen Fall. Obgleich im Flieger eine Dame sitzt, welche echt gut getankt hat. Das ist aber eine andere Geschichte. Also wir kommen an, eher an den Flughafen heran. Eine erste Kontrolle des Autos. Hier nur die Papiere des Fahrers und wie viele Menschen im Auto sitzen. Kontrolle 1 bestanden.

Eine weitere Kontrolle, wieder Auto und Fahrer, auch bestanden. Nummer 3 wir selbst am Eingangsportal, der Pass ist erwünscht. Und nun geht es erst richtig los. Kontrolle Nummer 4, Zugang in die Abfertigungshalle, um dann zum Check-in zu kommen. Männer und Frauen stellen sich getrennt an. Dabei ist festzustellen, dass mehr Frauen als Männer in diesem Moment Einlass begehrten. Die Kontrolle hier, Koffer, Tasche, Jacke, Schuhe, Achtung, tatsächlich Schuhe, und ich selbst durch Abtasten. Die Abtasterin, eine schwarz gekleidete Dame mit Kopftuch. Sachen wieder eingesammelt, ich lass die Schuhe erst mal aus, ein Wink von einem weiteren Uniformträger. Er möchte mein Handgepäck sehen und einen Eintrag in sein großes Buch. Meinen Namen konnte ich noch schreiben, Passnummer ging schlecht ohne Brille. Ich konnte sie nicht gleich finden, schließlich hatte er meine Taschenordnung durcheinandergebracht. Möglicherweise dauerte ihm die Suche zu lange, er schrieb selbst. Kontrolle Nummer 5 überstanden. Purzel hatte ein ähnliches Erlebnis. Schnurzel blieb unbehelligt. Zum Check-in, diesmal klappte alles, auch beim Gewicht der Koffer gab es keine Probleme. Ich vermute ja inzwischen, dass die Dame am Check-in in Tegel sich einfach vertan hatte, sie war am Ende ja so schnell kooperativ. Ich hatte die Reise Gesellschaft angeschrieben, die hatten es mir noch einmal bestätigt, dass wir mit Gepäck gebucht hatten und auch 20 Kilo mitnehmen konnten. Also am Check-in in Hurghada gab es keinerlei Probleme. Unsere Plätze 16 D-F waren gebucht. Weiter ging es. Zwischenzeitlich hatte ich die Schuhe wieder angezogen. Kontrolle Nummer 6, Passkontrolle und Abgabe des ausgefüllten Ausreisescheins. Unspektakulär. Kontrolle Nummer 7, erneut Pass, um in den erneuten Kontrollbereich für das Handgepäck zu kommen. Nummer 8 war dann wieder eine große Kontrolle mit Durchleuchten der Sachen, es war erforderlich, Schuhe und Jacke auszuziehen. Danach hatte Purzel erneut eine Taschenkontrolle, Schnurzel und ich durften direkt zur ersten Boardkartenkontrolle. Nummer 9. Dann erfolgte das Boarding mit einer erneuten Kontrolle der Bordkarte und Teilung dieser. Ein Teil bleibt bei mir, der andere der größere bei dem Flugpersonal. Das war Nummer 10, dann noch ein Mal den Pass und beim Einstieg in das Flugzeug den Boardkartenabschnitt. 12, für Purzel sogar 13 Kontrollen, um in Reihe 16 zu kommen. Absolute Vorsicht und Sicherheit. Unser Flugzeug, eine Boing 737 steht irgendwo im Nirgendwo. Wir fahren mit dem Bus dorthin. Im Bus haben sich zwei Leute gefunden. Sie aus dem asiatischen Raum stammend, er aus der Nähe von Frankfurt am Main. Er erzählte ihr, nein, eigentlich dem ganzen Bus, dass er heute noch eine 3-stündige Busrundfahrt in Potsdam hat. Und danach dann mit dem Zug nach Hause fahren wird. Er wird wohl gegen elf Uhr zu Hause sein. Wenn er Mitleid möchte, nicht von mir. Denn erstens fliegt er über Tegel, weil es um 200 Euro billiger ist, und zweitens macht er noch Kultur in einer der schönsten Städte Deutschlands. Das sind beides Fakten, die er selbst verantwortet. Ich hoffte sehr, dass die beiden nicht zusammen sitzen und auf keinen Fall in meiner Nähe.

Im Flieger ist es erstaunlich ruhig. Wir konnten etwas dösen, Platz für die Beine ist da. Am Notausgang scheint es etwas kalt zu sein. Notausgang, wir haben die Verantwortung, bei einer Notlandung die Tür zu öffnen, und haben für das Verfahren der Türöffnung eine entsprechende Einweisung erhalten. Wir sind sozusagen wichtige Personen. Inzwischen ist die meiste Zeit des

Fluges vergangen, über dem Meer wird es hell, ein goldener Streifen am Horizont, bestimmt kommt die Sonne gleich raus.

Und nun ist es hell, den Sonnenaufgang sahen wir nicht. Landeanflug auf Berlin. Druck auf den Ohren, graue Wolken und 25 Minuten zu spät. Aber wir sind heil wieder zurück. Es scheint richtig kalt zu sein. So eine Temperaturumstellung muss dann auch erst mal verkraftet werden.

Fuerteventura

Es geht los, ab in die Sonne. Kurz nach drei klingelt der Wecker, er läutet melodisch, zweimal. Er benötigt doch drei Mal.

Anziehen, Zähne putzen und etwas Wasser ins Gesicht, zum Duschen ist es wirklich noch zu früh.

Die Fahrt zum Flughafen, Check-in, unspektakulär. Vielleicht nicht so ganz, nur eine Kleinigkeit. Ein Mann, in der Reihe neben mir, verlor seinen Ausweis. Seine Frau hat es nicht gemerkt. Ich hab ihn aufgehoben. Hätten sie es nicht gemerkt, das Reisen hätte sich erledigt und das Theater hätte ich nicht erleben wollen, oder vielleicht doch. Ich hätte beide beobachten können und es hätte sich sicher etwas zum Aufschreiben ergeben. In solchen stressigen Situationen zeigen sich die wahren Gesichter von

Menschen. Und in dieser Situation, die Stabilität der Partnerschaft und der Umgang miteinander. Schade eigentlich, dass sie den Ausweis wieder hatten, so aus Sicht einer Beobachterin. Und alle anderen hätten auch etwas erleben können. Haben wir nicht, ist auch gut so, vielleicht hätten wir uns nur fremdgeschämt. So insgesamt betrachtet, es ist gut, dass ich den Ausweis wieder gegeben habe. Obwohl ...

Das Boarding, eigentlich flüssig, eigentlich, bis zu dem Moment, als eine Dame mit rosa Jacke und ihr Mann meinten, sie müssten, beim Boarding die Plätze umbuchen zu müssen. Muss man sich mal vorstellen, beim Boarding umbuchen. Vielleicht haben sie in der Wartezeit andere nette Leute kennengelernt und wollten nun gern mit denen bei einander sitzen, in Reihe 15, Plätze E und F.

Der Vorteil, der sich aus der Diskussion des Paares mit der Dame am Boardingschalter ergeben hat, war für mich, dass ich mit dem letzten Bus, tatsächlich mit dem letzten Bus zum Flugzeug gefahren bin. Das heißt Sitzplatz im Bus. Und auch als letzte Einsteigen. Damit ist dann auch schon das große Gewusel, das große Sachen ein und auspacken, das große Handgepäck verstauen und doch wieder heraus holen und dann doch wieder in den Gepäckfächern verstauen, vorbei. Ankommen, Einsteigen, Hinsetzen. Fertig. Doch nicht.

Platz 2 F. Große Beinfreiheit, soviel, dass sie hochgelegt werden können, eher hochgestemmt, gepresst an die Wand. Gemütlich. Bevor ich aber das machen konnte, musste das Handgepäck verstaut werden. "Heike, schaffst du es allein, den Koffer in die Ablage zu legen?" Das weiß ich tatsächlich nicht, denn den Koffer habe ich nicht gepackt. Vermutlich sind dort mehr als die erlaubten 8 Kilogramm Handgepäck drin. Die Frage wurde wiederholt. "Schaffst du es, den Koffer allein in die Ablage zu legen?" Kurz angehoben, "Das schaffe ich." Allerdings hatte Einstieg als Letzte zur Folge, dass die Stewardess ein neues Gepäckfach aufmachte und sagte, "Bitte geben sie mir den Koffer". Na klasse, jetzt merken sie doch noch, dass der Koffer zu schwer ist. Das ist der Grund, warum ich es alleine machen sollte. "Ich möchte das bitte alleine machen" sagte ich. Ich durfte.

In unserer Reihe sitzt ein weiterer Mitreisender. Er fliegt mit uns bis zu unserem Reiseziel, fährt dann mit einem Bus zu einem Küstenort und wird von dort aus eine Fähre zu einer weiteren Insel fahren. Er erzählte, dass er gern wandern gehen möchte. Und er schwärmte von den

Inseln, Kanaren. Er erzählte und erzählte, nur nicht mir. Ich habe abgeschaltet.

Irgendwann dann liest er ein Buch, keinen Krimi, keinen Roman, keinen Gedichtband. Nein, ein, ein Buch mit Praxisanleitungen für die Kitteltasche. Er liest über Elektrolyte. Ein Arzt vermutlich.

Zum Ende des Fluges bekam ich dann auch mit, was er vorhatte. Mit dem Bus über die Insel im dann mit der Fähre nach Gran Canaria überzusetzen. Dabei hat er, da er auch von seinem Unwohlsein beim Bootfahren berichtete. Ein Platz an der Reling ist empfehlenswert, besser noch, einen Ort, an dem er sich flach auf den Boden legen kann, dachte ich noch, hab ich nicht vorgeschlagen. Er sollte selber wissen, was er macht, er ist Arzt.

Im hinteren Teil des Flugzeuges, haben sich unsere polnischen Nachbarn, ich meine die aus unserem Nachbarland, ausgebreitet. Es sind schon ein paar viele. Obwohl, so richtig kann ich es gar nicht sagen, also ich weiß es vom Hörensagen. Deren Koffer waren wohl noch schwerer als die unseren. Der Flug selber, bisher entspannt. Ein kleiner Schlaf. In der Startphase war mein liebstes blau-gelbes Möbelhaus zu sehen. So klein, so weit weg. Wir sind so weit oben.

Unsere Seite, also unsere Gangseite beginnt mit der Reihe 2 und dort sind unsere Plätze und das bedeutet Platz, richtig Platz, Beine ausstrecken und an der Wand abstützen. Es gibt natürlich auch weniger attraktive Plätze. Die, wo hinter dir kleine Kiddys sitzen, deren Eltern meinen, die Kinder müssen auf das Ablagebrett klopfen und wenn das nicht, dann eben mit den Füßen gegen den Vordersitz. Gekrönt von akustischen Geheule, Gejaule, in den verschiedensten Tonlagen. Wir vorne haben davon nichts mitgekommen. Lesen, schlafen trinken und die Wolken von oben beobachten. Langsam nähert sich unser Ziel. Schon sind erste kleine Inseln zu sehen. Sie liegen so mitten im Wasser. Und dann beginnt er, der Landeanflug auf die Insel. Der Pilot, der Flugkapitän muss noch etwas üben, aber er hat es geschafft. Fuerteventura, da sind wir, da bin ich.

"Na, wie ist dein erster Eindruck, von der Insel?"
Ja, wie ist mein erster Eindruck? Karg, karg ist der erste Eindruck.
Der Flughafen, nicht so groß. Als erster oder zweiter aus dem Flugzeug zu kommen, hat einen Riesen Vorteil. Nicht den Vorteil, als Erste am Kofferband zu sein, sondern, als erste auf der Toilette. Bei zweihundert Mitfliegenden ist das schon eine Hausnummer. In der Regel. Muss

jeder nach fünf Stunden Flug auf die Toilette. Ich bin mir ziemlich sicher.

Also wir waren die Ersten dort. Als wir aus der Toilette kamen, ja klar haben wir die Hände gewaschen, also, als wir rauskamen, lief das Kofferband schon. Gefühlte fünf Minuten nach der Landung. Da war er schon, mein Koffer. Anderthalb Jahre alt und die nächste Delle. Diesmal am Henkel. Heißt das eigentlich Henkel? Hartschalenkofferhenkel oder heißt es doch besser Griff, Hartschalenkoffergriff? Es heißt Griff. Unglaublich, wie schnell es doch mit dem Entladen des Gepäcks ging. Ein Stück weit, zeigt das auch, das die Leute mit immer kleinerem Gepäck reisen. Wir letztendlich ja auch. Die Flughafenhalle, nicht erwähnenswert, die Umgebung auch nicht wirklich, obgleich, doch, zu erwähnen ist, dass jede Menge Mietwagenvermieter ihre Schalter im und außerhalb des Flughafengeländes haben. Sie unterscheiden sich vermutlich nur durch den Preis.

Der erste Stopp, Rosario, die Inselhauptstadt. Ein Einkaufszentrum mit Lebensmittelmarkt. Den ersten Kaffee Con-Leche, ich hatte vergessen, wie gut der doch ist. Der zweite Stopp in einem Dorf oder einer kleinen Stadt. Der Strand schwarz. Schwarz, schwarzer Sand. Ich war enttäuscht. Hatte ich nicht von weißen Stränden gehört? Breiten weißen Sandstränden? Und das hier war, es war wirklich schwarz. "Bleib ruhig, es wird noch, da wo wir hinfahren wird es so werden, wie du dir es vorgestellt hast."

Um vorzugreifen, es wird tatsächlich so werden.

Ein Café am Strand, eine Fischsuppe, ich hatte richtig Hunger, wollte aber nicht zu viel essen, da am Abend noch ein Restaurant Besuch geplant war.

Und dann waren wir endlich da. Das heißt, vorher sind wir noch über die Insel, durch die Insel gefahren, durch Gebiete, wo du glaubst, du fährst auf dem Mond rum. Rote Felswände, hohe Hügelketten, fester Sand. OK Straßen, wobei wir auch einen Unfall sehen konnten. Nichts weiter passiert außer eine eingeschlagene Windschutz-scheibe und ein platter Reifen. Vermutlich muss-ten sie einem Radfahrer ausweichen. Es gibt immer wieder mutige, die mir dem Rad Fuerte-ventura erkunden wollen. Nur, die Insel ist nicht für Radfahrer gemacht. Ich sag nur, teilweise muss auf der Autobahn gefahren werden. Und dann waren wir angekommen. Ein Traum, trotz bezogenem Himmel, trotz immer mal wieder kommender Regentropfen. Das Meer lag ganz ruhig da. Erschöpft, bloß nicht hinlegen. Besser auch nicht setzen. Nicht zur Ruhe kommen. Es steht noch ein weiterer Supermarktbesuch an.

Ich war überfordert. Müde und nicht wissen wollen, was ich essen möchte. Wie blöd aber auch. Ich war so richtig müde. Letztendlich war der Wagen voll. Der Fisch war, besser ist recht teuer. Obwohl er keine Hundertmeter weiter aus dem Meer geholt wird. Ansonsten sind die Preise nicht überhöht. Obst und Gemüse sind toll.

Einkauf erledigt, kurze Pause und dann geht es zum Restaurant. Stil ist der Name. Das Essen großartig, der Inhaber ein Knaller. Ich bekomme noch heraus, woher er ist. Selbst wenn das Essen nicht so großartig gewesen wäre, der Herr wäre schon eine eigene Show und einen Besuch wert.

Findest du es ok, wenn wir heute an den Strand gehen, wurde ich gestern gefragt. Daran ist erkennbar, dass wir uns noch nicht so richtig gut kennen. Der Vorschlag steht so im Raum. Strand, ich und erster regulärer Urlaubs Tag. Was für eine Frage. Strand, natürlich Strand. Ein Strandtag.

Die Tasche für einen großen Strandtag gepackt. Hörbuch, E-Book, Papierbook, ich meine Papier-buch, Noticebook. Kopfhörer, Sonnenbrille und Lesebrille, einen Apfel und trinken. Handtücher und die Liege. Sonnenhut. Und dann ab zum Strand. Achtzig Meter die Straße, und siebenundsechzig Treppenstufen waren zu bewältigen. Da war er. Lang ersehnt, lang gewünscht, lang erwartet. Er, der Strand.

Hell fast weiß liegt er zu meinen Füßen, breit, nur begrenzt durch den Atlantischen Ozean. Achtzig Kilometer breit ist das Meer an dieser Stelle, dann kommt Marokko.

Ein Liegeplatz, mein Liegeplatz, ist schnell gefunden. Freier Blick aufs Meer, ein paar Strandläufer und Strandläuferinnen sind unterwegs. Die Strandläuferinnen bereits im älteren Bereich zu finden. Übriggeblieben aus den Siebzigern und hoch in den Siebzigern. Mit vergessenen Bikinioberteilen. Man muss ja nicht hinschauen.

Ein Chilltag, entspannend, ruhig, ein Tag am Meer, nur unterbrochen von einem Besuch in der Beach Bar.

Abendliches kochen, eine Tafel, wir tafeln, die Kartoffeln gekocht mit Wasser aus dem Atlantik. Genial. Vielleicht eine Geschäftsidee, Wasser aus dem Atlantischen Ozean in Flaschen abfüllen und gemeinsam mit kleinen mehligkochenden Kartoffeln, als kanarisches Feinschmecker Paket anbieten.

Das Wasser aus dem Atlantik zu holen war schon eine größere Mutprobe. Aber nach dem ich bereits am Vormittag vollkommen untertauchte, ging ich am Abend erneut ins Wasser. Es war so unglaublich kalt.

Und die Kartoffeln am Abend, die waren so unglaublich lecker.

Es gibt Momente, da frage ich mich, wie schön das Leben sein kann.

Ein Tag voller Input, voller neuer Eindrücke und Erfahrungen.

Ein Obstfrühstück läutete den Tag ein, dann ging es los. Ausflug über die Insel, besser gesagt, quer über die Insel. Vom Osten in den Westen. Mit einem ersten Stopp am Felsentor. Also, ich dachte, dass es das Felsentor war. Vielleicht war es das auch, aber ich weiß es nicht tatsächlich. Also erster Stopp war in Ajuy. Einem eigentlich verschlafenen Fischerdorf, liebevoll im Reiseführer auch als Fischernest bezeichnet. Vielleicht ist es inzwischen abgetragen, das Felsentor oder ich hab es tatsächlich nicht gesehen. Vielleicht war ich noch so voller Eindrücke von der Fahrt. Hügel, bis auf bestimmt 600 Meter hoch. Dazwischen die Straße mit den, vermutlich überall auf der Welt, üblichen Baustellen. Aber noch rollt es. Hauptreisezeit ist wohl noch nicht angebrochen. Hauptreisezeit ist von September bis März, allerdings betrifft das die Rentner und Ruheständler. Ansonsten ist immer ein Plätzchen zu finden, für die Surfer zum Beispiel im Juli und August, wenn die starken Winde wehen, obgleich noch stärkere?

Beeindruckend auf der Fahrt war für mich, zum einen die Kargheit der Hügel, des Landesinneren und zum anderen der Blick auf das Meer.

In Ajuy, schwarzer Sand. Es sieht so ungewohnt aus. Schwarz, aber Füße bleiben sauber. Wenn man genau in den Sand schaut, dann glitzern kleine gelbe Körnchen dazwischen.

Beim Schreiben fällt mir gerade ein, dass Ajuy nicht der erste Stopp war, sondern der zweite.

Der erste Stopp war bei Pajara, ein Aussichtsplateau. Ein must have für alle Hobby Astrologen, ich meine Astronomen. In sechshundert Meter Höhe wurden von den Majoreros, den fuertischen Ureinwohnern, eine Sonnenuhr und einige Himmelspanoramen aufgebaut. So gilt die Geschichte. Andere behaupten, dass die Inselverwaltung sich diese Geschichte ausgedacht hat. Aber egal, der Ausblick, wirklich grandios. In der Ferne ist das Meer zu erkennen.

Früher gingen die Fuerten hierher um sich auf die Jagt und die landwirtschaftlichen Tätigkeiten (Aussaat und Ernte) vorzubereiten.

Es ist schwer zu sagen, von welchem Standort der Blick schöner ist.

Leider kein Geheimtipp. Was aber anzumerken ist, es standen keine Reisebusse auf dem Parkplatz. Nur diverse Autos der regionalen Autovermietungen.

Diverse, ich sag nur, diverse. Sie teilen sich den Markt, es soll Seriöse und weniger Seriöse geben.

Weiter geht's nach, wie schon beschrieben, nach Ajuy, dem eingangs beschriebenem Fischernest. Der allgegenwärtige Cortado, Espresso mit aufgeschäumter Milch, brachte uns dazu, eine Cortadopause einzulegen. Blick über den schwarzen Strand in Richtung Meer und Beginn des Rundganges zum Piratenversteck. Der Weg, immer an der Klippe entlang, mal aufwärts, mal abwärts. Mit Flip Flops begehbar. Die Wellen trugen Schaumkronen und schlugen gegen den Fels. Ein Schauspiel. Leider auch dieses mit vielen anderen zu teilen. Dann stand für mich Lauffaule eine Entscheidung an. Urlaub, ich hab Urlaub und Urlaub und Entscheidungen. Schwierig, aber ehrlich, ich wollte schon gern in die Höhle. Der Weg dorthin war zauberhaft, links das Meer, rechts die Felsen, und immer mal ein Durchblick, der zeigte, was mich dort unten erwartet. Erwarten wird. Weiter runter, ein natürliches Becken, in dem sich das Wasser sammelt und mit jeder Welle neu aufschäumt. Und dann öffnet sich die Höhle, einer Halle gleich, fünfzehn bis zwanzig Meter hoch. Im ersten Abschnitt vielleicht vierzig Meter lang. Öffnungen am Ende und der Seite der Höhle schaffen Verbindungen zu weiteren Höhlen. Vermutlich geht es lang unter der Klippe hindurch. Außer mir, waren die verschiedensten Menschen dort. Die Models, die jede Pose beherrschen, die dazugehörigen Fotografen, die Ruheständler, die ihre Fotos direkt auf der Treppe bearbeiten, die dazugehörigen Frauen welche dann den Weg mit blockiert haben und natürlich die rücksichtslosen, die ohne Rücksicht auf Verluste die Treppe auf oder ab gehen müssen. Unabhängig davon. Es war ein Erlebnis. Wieder oben angekommen ging der Weg zurück. Über den schwarzen Sand, der einem tatsächlich die Füße verbrennt, schwarz zieht die Sonne an und speichert die Wärme. Obgleich, beim genauen Hinsehen ist der Sand gar nicht so schwarz. Kleine gelbe bis weiße, in der Sonne strahlende Körnchen sind dabei. Kurz abschweifen, auch der weiße Sand hat kleine schwarze Körner in sich. Ein feiner kleiner Ort, einschönes Nest.

Über eine Aloeverafarm ging es weiter in die alte Inselhauptstadt.

Nicht ganz sondern es gab noch einen besonderen Ort. An diesem besonderen Ort stehen zwei nackte Männer, halb nackte Männer. Sie blicken, bei klarer Sicht bis Lanzarote oder Gran Canaria. Jedenfalls weit über das Land. Wir auch.

Und dann kamen wir in der alten Inselhauptstadt an. Betancuria. Ein kleiner, für mich verträumter, hübscher Ort, der nur so klein und verträumt aussah, weil möglicherweise die Touristenbusse durch waren.

Tapas in einer, sich vierhundert Jahre im Familienbesitz befindlichen Gaststätte. Ein Platz, draußen mit Blick auf die Kirche. Innen, alt, mit ausgesprochen viel Charme, die Toilette ohne Verschlussmöglichkeit und trotzdem für mich einen Besuch wert. Die Tapas, kurz zusammengefasst, großartig. Muscheln, Thunfisch, Paella, Tortilla, Kichererbsen mit Wurst, kanarische Kartoffeln, Stockfisch und Oliven. Ein Geschmackserlebnis.

Die örtliche Kirche von außen besichtigt, das neue archäologische Museum auch. Einen Fotostopp am Ortseingang, um die Bäuerin mit Schaf und Ziege zu bewundern. Ziegen und Schafe,

Tiere der Insel. Irgendwann hatten wir auch in einer Ziegenfarm gestoppt. So schnell, wie wir dort waren, waren wir wieder weg. Der Geruch, ich sage nur, der Geruch.

Und dann ging es zurück nach Costa Calma, aber nur um eine Pause einzulegen. Akkus aufladen und ab zu dem Walskelett in der Nachbargemeinde. OK, es ging nicht um das Skelett, es ging um ...

Das wird ein Geheimnis bleiben.

Genau so, wie die hundertmeter Tomaten.

Nach einem Tag voller Eindrücke, ein Tag zum ausruhen, erholen, chillen, Sonne und Wasser genießen. Den Wind spüren. Davon später. Der Himmel bezogen, die Wetter App versprach einen Sonne-Wolken-Mix.

Hat sie auch einhalten können.

Allerdings zeigte sich am Morgen der Himmel nicht von seiner besten Seite. Eher bedeckt, ehrlich, ich hatte Regen erwartet. Der über den Tag nicht mehr kam. Mein Tropfen, nicht einmal ein klitzekleines Tröpfchen.

Dafür sorgte, Achtung jetzt kommt es, dafür sorgte der Wind. So richtig wollte ich es ja nicht glauben, als mir gesagt wurde, nimm die Regenjacke ruhig als Windjacke mit. Mein Eindruck war, dass es hier gerade eine kleine Übertreibung gibt.

Es war keine Übertreibung, es war richtig.

Bevor es an den Strand ging, ein Einkauf. Derselbe Supermarkt, ich aber entspannter. Breite Gänge, viel Obst und Gemüse, gut ausgesuchten Fischstand, Fleisch und Käse, Brot und Kuchen. Also eine komplette Auswahl an feinen Dingen. Als wir am Dienstag dort waren, war mit das alles nicht aufgefallen. Ich glaube, dass hier grundsätzlich mehr Platz für weniger Dinge gegeben wird.

Nach dem Einkauf, Strand und da war er dann, er, der Wind. Mal weniger, mal mehr teilweise so heftig, dass die kleinen Sandkörner wie kleine Nadeln auf jede freie Körperstelle stachen.

Irgendwann saß ich dann alleine, ganz alleine auf meiner Liege. Also als ich noch nicht allein war, hatte ich auch eine eigene Liege. Nur stand diese nun allein mit mir am Strand. Es ist wirklich unglaublich mit dem Wind. Er ist immer da, was auch wirklich gut ist, ansonsten wäre es zu heiß. Wobei es sich jetzt schlimmer liest, als es dann tatsächlich ist, war.

Die Insel ist keine Felseninsel, es ist eine Vulkaninsel. Wie wohl alle Kanarischen Inseln. Hier, auf Fuerte sind die Vulkane erloschen.

Dass es hier Sand gibt, kommt daher, dass der Wind, hier haben wir ihn wieder, also, dass der Wind den Saharasand 80 km über das Meer trägt.

Die Insel hat kein Grundwasser. Regen fällt nicht mehr verlässlich, so dass man hier auf eine Meerwasserentsalzungsanlage angewiesen ist. Diese scheint ganz gut zu funktionieren, allerdings ist dem Leitungswasser so viel Chlor beigesetzt, dass man es eher nicht zum Tee kochen nutzen sollte. Glaubt mir, wirklich nicht, ich hatte es versucht. Und ausgetrunken. Nicht lecker. Was macht man so am Strand? Lesen, endlich wieder lesen und kein Hörbuch. Leute schauen und in die Strandbar auf einen Cortado, den Espresso mit aufgeschäumter Milch. Gedanken nachhängen, spazieren. Wobei beim Spazieren darauf zu achten ist, dass Ebbe ist. Bei Flut kommt man möglicherweise nicht am Strand entlang zurück. Es soll ja Leute geben, die haben das geschafft, nicht auf die Zeit zu achten und mussten barfuß die Straße lang.

Hatte ich schon erwähnt, dass wir hier ziemlich gesund leben? Gute Lebensmittel, viel Obst und Gemüse, wenig Fett und Kohlenhydrate und fast, nein, gar keinen Alkohol. Gesundes Darkyssen, Backgemüse mit Aioli und Guacamole. Und der

Tag war zu Ende. Und gerade fällt mir ein, wir hatten auch noch kein Eis.

Um zehn vor sieben klingelt der Wecker. 7:22 Uhr ist Sonnenaufgang anvisiert. Raus, runter zum Strand, erst noch an den Himmel geschaut, bezogen. Das bedeutet, die Sonne wird nicht zu sehen sein. Trotzdem runter. Vielleicht sind ja ein paar Strahlen durch die Wolken zu sehen. Vielleicht. Ich wünsche es mir sehr.

Am Strand angekommen, kein Sonnenaufgang. Es bleibt wolkenverhangen. Leider. Nun gibt es eine Wette mit mir selbst. Ich schaffe es, einen Sonnenaufgang zu fotografieren. Sicher.

Statt des Sonnenaufgangs gibt es Fotos vom morgendlichen Strandleben. Jogger, noch mehr Jogger und ein paar Läufer und ich.

Strand und ich haben zu morgen früh ein Date.

Frühstück, irgendwie essen wir alle dasselbe. Kohlenhydrate mit Milchprodukten, Obst und Kräutern, wobei die Kräuter in unserem Fall Minze ist. Dazu, nein, kein Kaffee für mich, Tee, genau Mate Tee mit Guarana. Eingeführt aus Deutschland. Sitzen wir länger, gibt es noch ein Ingwer-Zitronenwasser.

Heute saßen wir nicht länger, Ausflugstag. Mit etwas Abstand betrachtet war es ein kulinarischer Ausflug mit Besichtigungen. Mit schönen Besichtigungen. Die Fahrt ging in den Norden der Insel. Bis dorthin, wo man die Fähre nach Lanzarote nehmen kann. In den Norden, wo Lobos, die kleine Nachbarinsel zum Wassersport einlädt. Corraeljo. Der Ort im Norden, vor dem großen Touristenboom, dem Einfall der schrecklich, fürchterlich gekleideten Engländer und Engländerinnen, wird es ein schöner, kleiner Küstenort gewesen sein. Ein Küstenort gegenüber der Insel Lobos. Das Gebiet um den Hafen ist nett, nicht überragend, aber nett. Sehenswert ist eine Pharmazie, eine Apotheke, in der zwei Palmen, zwei echte Palmen im Schaufenster leben, und diese wachsen und aus dem Schaufenster hinaus. Die Konstruktion konnte ich nicht direkt erkennen. Auf jeden Fall wuchsen sie aus dem Dach, ein leicht vorgezogenes Dach. Auf dem Weg nach Corralejo mussten, besser haben wir einen Zwischenstopp eingelegt. Grund war ein herrenloser Hund, vielleicht ein Podenco, vielleicht auch anders, auf jeden Fall eine ursprüngliche spanische Rasse. Dieser Hund lief, völlig irritiert auf der Fahrbahn entlang. Ein Versuch, ihn einzufangen, scheiterte. Der Hund hatte vermutlich Angst vor Menschen. Nicht vermutlich, eher sicher. Ansonsten lief die Fahrt ohne Probleme. Meine große Sorge ist, dass ich hier fahren muss. Die Chance besteht nur gering. Es müssen drei Eventualitäten aufeinandertreffen. 1. die Fahrerin muss nicht mehr fahren können, 2. muss es dunkel sein, 3. muss jemand Alkohol getrunken haben. Das alles auf einmal muss zutreffen, damit ich fahren muss. Die Chance dazu ist relativ gering. Eingangs erwähnte ich, dass wir einen kulinarischen Tag erlebten. Als Starter in den Tag gab es eine Morgenbowl. Keine Beschreibung, was dort drin war, besser ist. Sie sieht schön aus und ist lecker und gesund. In Corralejo, es sind ca. 1,5 h bis dorthin, gab es einen ersten "Kulinarik" Stopp. Panini mit Tomate, Mozzarella, Thunfisch und Aioli. Dazu einen Smoothy aus roter Beete, Ingwer und Ananas. Nachmachen ist Pflicht. Corralejo, inzwischen voller Touristen, entsprechend aufgebaut und ausgestattet, ok, ich bin ja auch touristischen Ursprungs, aber lange nicht, wie die wirklich schlecht gekleideten englischen Touristen. Als ich die erste Touristin gesehen habe, blieb mir der Mund offen stehen. Unglaublich. "Weißt du, wenn ich das erste Mal im Norden auf die Insel gekommen wäre, dann wäre es nicht meine Insel geworden," die Aussage, zweimal unabhängig voneinander. Es ist schon sehr, sehr touristisch. Allerdings gibt es eher Appartements in Anlagen, als die Bettenburgen in den Mittelmeergebieten. Weiter geht es. Vorbei an der Skulpturenstraße und dem Campana-Center an die Dünenlandschaft, echte Sanddünen, ein kleines Stück Sahara. Weit breit, geteilt durch eine Straße, die eine Seite, die zum Meer liegende darf betreten werden, die dem Land zugewandte Seite ist Naturschutzgebiet. Mitten darin zwei Hotels, und das war es. Der Sand kommt nicht von der Sahara, sondern er wird aus Muschelkalk und Mikroorganismen in der Brandung gemahlen. Nicht von heute auf morgen, sondern über Millionen von Jahren. Kaffeepause, Cortadopause und dazu das erste Mal Kuchen, eine französische Bäckerei. Die Kuchen, so fein, so lecker. Blätterteig mit Creme wirklich fein. Dazu, genau, einen Cortado. El Cotillo, an der Nordwestküste gelegen, der Ort, an dem die großen Leinwände, teilweise mit Unterwasserbildern zu sehen sind. Steile Klippen, der Blick von dort aus auf das Meer, unbezahlbar. Eine kleine Familie machte dort tatsächlich ein Picknick, mit Campingtisch und Stühlen. Da wir dies nicht mitgebracht haben, war das Restaurant "Manfred Lepiorz" das unsere. Das Essen war großartig, der Service etwas weniger. Endlich hatte ich sie, die Gambas in Knoblauchöl. Ein Genuss. Am Tisch wurden auch Thunfisch, Schnitzel und Nudeln gegessen.

Wir waren uns einig. Kulinarisch wertvoll. Über die Insel Hauptstadt Rosario ging es nach Hause. Ein ausgesprochen klarer Nachthimmel. Die Sterne waren hell und klar zu sehen.

Nur konnte ich die Sternbilder nicht erkennen. Schade, wirklich schade, ich würde gern wissen, ob es den großen Rochen wirklich gibt. Ich schreibe nicht vom langsam und Anstrengendem fahren, von der großen Erschöpfung, als wir dann endlich zu Hause waren. Und auf keinem Fall davon, was alles in unserem Kofferraum war. Ich kann noch kurz erzählen, dass mein Handy keine Ae, Oe und Ue mehr schreiben will und dass mein Internet fad alle ist. Müde ins Bett. Und der neue Tag beginnt, aber das ist eine neue Geschichte.

"Na, schreibste wieder?"
Eigentlich ja nicht, aber nun doch.
Sonne und ich hatten eine Verabredung. Ich schau ihr zu, wie sie aus dem Meer steigt, und bewundere sie. Sonne hat da heute was falsch verstanden, Sonne sollte aus dem Meer steigen, nicht aus den Wolken kriechen. Sonne kann das noch besser.

Ich will mal nicht kleinlich sein, sie hat es schon ziemlich perfekt gemacht, sich so aus den

Wolken zu schälen. Wirklich perfekt, wie sie sich so Zentimeter für Zentimeter zeigt, erst langsam und dann wird sie immer schneller, stärker und kräftiger. Um dann im Laufe des Tages so viel Kraft zu entwickeln, dass selbst das 50 Lichtschutzzeug nicht mehr hilft.

"Du denkst aber daran, dass du mit 50 anfangen sollst und dann zu den weniger starken Mitteln greifen. Nicht umgedreht." Der Hinweis von den erfahrenen Sonnengängern. Ich habe nicht zugegeben, dass ich es nicht weiß.

Tja, ist so.

Zurück zu Sonne, Sonne und ich können das noch besser, wir sind für morgen früh erneut verabredet.

Statt Frühstück gab es erst nur einen Tee, danach einen Ausflug zum Bauernmarkt. Frisches Obst und Gemüse, Salze und Soßen und Handwerksarbeiten wurden angeboten.

Und. Nussecken. Die erste Bestellung lautet bitte 10 für nächsten Sonntag, die zweite, 15 und ich, Sage nur, ich auch, ich auch. Wir lachen alle und ich mache mir Gedanken, wie ich die nach Hause bekomme, die Nussecken.

Gegen Mittag, Frühstück und dann ist Strandzeit. Zwei Gänge ins Wasser, ein Buch lesen, viele Leute schauen und schon ist ein Strandtag vorbei.

Wobei, von einem Wassergang kann ich noch berichten. Eine Dame massierte einer anderen das Bein. Die stöhnte auf, laut. Der Blick eines Mannes in der Nähe, unbezahlbar. Leider klären die beiden die Situation auf. Ach ja. Das ist ein Leben, ein schönes Leben.

Und abends, ich wurde bekocht, es gab deutsches Essen, grüne Soße und Kartoffeln und nun ist mir schlecht, den anderen auch wir haben uns überfre ...

Die Sonne, Sonne und ich, wir haben einen Deal, eine Verabredung, ein Date. Versprochen, ja Sonne und ich haben uns versprochen, dass wir beide den Sonnenaufgang noch besser hinbekommen, besser als beim ersten Mal.

Wie gehabt, Wecker klingelt, aufstehen und runter zum Strand. Eine klitzekleine Enttäuschung. Am Horizont gibt es eine kleine Wolkenschicht. Zwar einen Streifen nur, aber er war da. Sonne und ich haben uns dennoch geeinigt. Den besten Platz auf der Fotoshootingstrecke gesucht und da war sie schon, in ihrer vollsten Schönheit dem Meer entstiegen. Und um die Kulisse, die Fotokulisse perfekt zu machen, hatte Meer kleine Steine an den Strand gelegt.

Die warfen erst lange und später kürzere Schattenbilder. Alles sah irgendwie mystisch aus.

Muscheln im Übrigen sind hier eher selten und wenn, dann wenige Kleine, obwohl es der Atlantik ist, derselbe, wie in Portugal, derselbe wie in Marokko.

Zurück, Tee und kein Frühstück. Und dann, einen Ausflug. Diesmal einen erstmal Geplanten zum Hafen nach Jandia. In den Hafenbecken sollen Rochen zu sehen sein. Ich sah diverse Fische, ich sah die Schnellfähre und die normale Fähre nach Gran Canaria. Ich sah Enten und einen Fischer bei der Arbeit. Viele kleine und mittlere Boote. Was ich nicht sah, waren die Rochen.

Die anderen sahen sie auch nicht. Was wir aber sahen, war ein Restaurant und der erste Cortado war fällig. Der Koch stellte eine frische Tortilla auf den Tresen, diese sahen wir auch, und dann war die Tortilla nur noch halb so groß. Unser Frühstück. Es tat auch not. Hatte ich eigentlich schon erwähnt, dass ich dieses Frühstück beinahe nicht erhalten hätte. Ich wurde doch tatsächlich in der Unterkunft vergessen, nicht so richtig, aber ein bisschen. Also, ich wurde eingeschlossen und als nun fehlen bemerkt wurde und die Tür wieder aufgeschlossen wurde, hatte ich es auch bemerkt und war fertig. Zwei

Schreckschreie lösten das auf und ich konnte mit.

Nach dem Tortillaessen gab es einen Plan. Entwickelt beim Tortillaessen. Wir fahren nach ...

Ein paar Tage vorher gab es beim Essen eine Unterhaltung "Nach Cofete fahre ich nicht, auf keinen Fall, das könnt ihr alleine machen, da bin ich nicht dabei. Und schon gar nicht als Fahrerin." Was ist Cofete und warum, besser was soll, daran so schwierig sein dort hinzukommen. Irgend ein Platz auf der Insel, und die paar Hügel. "Dann nehmen wir eben einen Leihwagen." Sprach die Ideengeberin. "Du brauchst einen mit Allrad und du darfst mit Leihwagen die befestigten Straßen nicht verlassen." Ja, das war ein paar Tage vorher und heute sollte ich den Abzweig nach Cofete sehen können. Wir sind tatsächlich dorthin gefahren, in der Fahrt zu unserem Ausflugsziel konnte ich es verstehen. Die befestigte Straße wurde von der Schotterpiste abgelöst. Festgefahrener Schotter mit Schlaglöchern. Auf der Straße wünschst du dir keinen Gegenverkehr. Es soll ein bisschen das Gefühl der Rallye Paris-Dakar vermitteln. Die Fahrt selber dauerte etwa eine Stunde. Irgendwann war das Ziel zu sehen. Ein Leuchtturm, ein Lighthouse, ein schönes Gebäude im südlichsten Punkt der Insel. Punta de Jandia. Die südwestlichste Stelle Fuerteventuras und nicht nur das, sondern auch einer der südöstlichsten Punkte Europas. Nicht nur die Fahrt mit den gelegentlichen blicken auf das Meer war beeindruckend, sondern auch der Wetterwechsel. Du kommst vom schönsten Badewetter zum "ichtragemützeundsteppjackewetter". Wir hatten weder Mütze noch Steppjacke mit. Dementsprechend kalt war es. Trotzdem musste, besser wollte ich, leicht frierend das Gelände ablaufen, über Hügel, durch gefühlte Steppe, zum automatischen Leuchtfeuer, wenn es das dann war, was ich dafür gehalten habe. Irgendwann war ich allein. Fast allein ein Teil wartete schon im Auto. Von diesem schönen, wilden Platz ging es in Rallye-manier, oder, das was ich mir darunter vorstelle zurück in die Sonne. Vorbei an wolkenverhangenen Hügeln, an grasenden Ziegen und an beidem zusammen. So gern wollte ich eine Ziege vor dem Hügel fotografieren. Dazu machten wir einen extra Fotostopp, die Ziege blieb nicht an ihrem Platz stehen, neugierig kam sie auf mich zu. Immer schneller, ich war erste im Auto.

Noch ein bisschen Strand unglaublich schön, dieser Sand. Ein Bad im Wasser und zum Abend gutes, wirklich gutes Essen, Al la Homemade. Thunfisch, Lachs, gefüllte Tomaten mit Reis, Salat und Morzarellatomaten. Die Tageskalorienbilanz absolut im grünen Bereich. Bis, ja bis der Kuchen auf den Tisch kam, ein Wattekuchen. Teig, Pudding und Kokoskrokant ich so. "Wenn noch jemand ein zweites Stück isst, bin ich dabei." Jemand ass ein zweites Stück.

Den morgendlichen Gruß mit Sonne hab ich verpennt, verschlafen, verpasst. Nicht so richtig, aber fast.

Ein Blick aus dem Fenster an den Himmel, in Richtung Sonnenaufgangsstelle. Ich konnte mich entspannt wieder hinlegen. Ich sage nur Wolken. Sonne wird mir das später übel nehmen. Später am Abend.

Ein Obstfrühstück, eine "Wanderung" mit Seniorenporsche zum örtlichen Supermarkt, ein Café mit W-LAN Angebot, das wird sich später als wichtig herausstellen und einen Kaffee Leche-Leche waren die Erlebnisse am Vormittag.

Wir leben ziemlich südlich. Südländisch, spätes gesundes Frühstück, dann lange nichts und abends ein üppiges Mahl. Im Ansatz nicht so üppig, sondern eher sehr Gemüselastig mit leichtem Fleisch oder Fisch, Käse. Viele Antioxidantien, in unserem Fall Tomaten. Absolut gesund und verträglich, bis, ja bis die gemeinen, kleinen, süßen Schweinereien auf den Tisch kommen. Mit diversen Schokoladen umhüllte kleine Teilchen. Vermutlich mit Suchtstoffen gefüllte Dinger. Und von dem Kuchen war auch noch was da. Ärgerlich, aber lecker.

Strandzeit, entspannen, lesen schreiben, Strandmenschen beobachten. Zum Beispiel ein Pärchen, welches vermutlich den dritten Liebesurlaub hier verbringt. Für den Ersten sind sie zu vertraut, für den zweiten ist die Insel zu teuer, deshalb den dritten. Sie suchten nach dem ultimativen Strandfoto. Strengten sich richtig dafür an. Er sprang in die Luft, die Beine recht komisch abgewinkelt, sie schaffte sogar einen Radschlag, Handstand und diesen abgewinkelten Sprung. Ich vergebe 8,7 in der B- Note.

Ein Gang zur Strandbar, Toilettengänge. Reingefallen, die Kellner haben tatsächlich ein zwei Euro Stück auf den Fußboden vor den Toiletten geklebt und jeder, wirklich jeder fällt darauf rein. Selbst die, die es besser wissen sollten. Sie, die Kellner haben ihrem Spaß und den Ausblick auf die hinteren Teile der Badegäste. Ups.

Und dann entstand mein Problem, mein Internetanbieter, Provider oder wie auch immer das Ding heißt, welches dafür sorgt, dass ich mit der Welt verbunden bin, hat aufgegeben. Sinngemäß teilte er mit, "Dein Limit ist aufgebraucht, wenn du mehr möchtest, möchten wir, dass du mehr zahlst". Möchte ich nicht. Und nun war es weg. Weg für 18 Stunden. Mein Trick, Flugmodus an und keine Bilder laden, beziehungsweise diese nur noch im W-LAN Netz verschicken. Sollte die Kosten minimieren.

Als ich für den Urlaub packte, stand eine Frage im Raum. Benötige ich eine Regenjacke. "Nimm sie mit, du kannst sie gegen den Wind nutzen." Und so kam es dann. Die Warnung "In La Pared windet es immer." Brachte endlich den Grund, eben diese Regenjacke als Windjacke einzusetzen. Am Abend war ein wahres Highlight geplant. Ein orangefarbener Himmel mit einem phänomenalen Blick über die Westküste inklusive der versinkenden Sonne im Meer wurde versprochen. Um es vorauszunehmen, Sonne und ich, wir hatten es ja nicht so. Nichts Rotes, nichts Oranges, nichts Blaues. Irgendwie war das Licht ein bisschen so, wie in alten Filmen, Sepia. Der Himmel verhangen von Wolken, ganz manchmal ein kleiner Streifen, aber wirklich ein richtig kleiner, ein klitzekleiner Streifen blau. Tolle Klippen, wenig Menschen, der Blick in die weite Welt, in die Ferne. Grandios. Wie hätte es nur ausgesehen, wenn die Wolken nicht da gewesen wären und Sonne nicht vom Morgen noch eingeschnappt gewesen wäre. Das ist eine Frage. Eine wirkliche Frage.

Und wieder verschlafen, allerdings ist es auch dieses Mal nicht weiter schlimm, der Himmel war bedeckt, es lohnte sich nicht, die Sonne zu empfangen und außerdem, wenn die Sonne mich am Vorabend auch nicht sehen wollte, dann ist es so, dann will ich sie eben auch nicht begrüßen. So. Eingeschnappt.

Es ist unglaublich, wie gut ich hier schlafen kann. Das Wedeln der Palmen vorm Haus, das Rauschen des Meeres, die Ruhe und Zufriedenheit. Unglaublich.

Ein neuer Tag, ein neues Erlebnis wartet.

Ein neuer Leuchtturm. Eher eine Leuchtburg. Eine völlig andere Form, als alle bisher gesehenen Türme, eher eine Leuchtburg eben. Die Straße, die dorthin führt, guter Anstieg, gute Kurven, ich war dankbar, dass wir ohne besondere Schäden hoch und dann auch wieder runter gekommen sind. Als ich meine Bewunderung, gegenüber der Fahrerin äußere kommt: "Das erzähle mal meiner Familie, die lachen dich aus." Oder vielleicht auch mich.

Dieser Weitblick über das Meer, das blau des Wassers, die leichte Kräuselung der zukünftigen Wellen, der Himmel, unbezahlbar.

Zurück zu der Leuchtburg, 1920 gebaut, befindet sie sich auf einer Höhe von zirka 185 Metern. Auf Grund ihrer Entfernung zum afrikanischen Festland hat sie eine Infrarot- und Wärmebildkamera. Diese meldet dann automatisch an die Leitstelle, wenn sich auf dem Meer etwas tut. Im schlimmsten Fall schicken sie dann einen Helikopter los.

Als wir dort waren, wurden auf dem Meer keine Spuren entdeckt.

Spannend ist, dass nach dem spanischen Leutturmgesetz, es kann auch ein EU Gesetz sein, jedenfalls muss nach dem Gesetz der Weg zum Leuchtturm asphaltiert sein. Zumindest die letzten Kilometer. Es kann also sein, dass du lange über Schotter fährst und mit einem Mal die Straße asphaltiert ist. Wenn es dann so ist, kann davon ausgegangen werden, dass sich am Ende der Straße ein Leuchtturm befindet. Vielleicht ist es so.

Weiter ging es nach Gran Tarajal. An diesem Ort bin ich in den Club der Tabletten Einkäuferinnen aufgenommen worden. Ein Päckchen mit 40 Tabletten für 1,86 Euro, Schmerz- und entzündungshemmend. Ja, dieses Päckchen ist die Eintrittskarte in diesen exklusiven Club. 400'er. Auch höher dosierte sind zu bekommen.

Wenn wir heute über Gesetze sprechen, ich darüber schreibe, dann kann nicht unerwähnt bleiben, das es wohl seid dem ersten April ein neues Tablettenabgabegesetz gibt. Die Apotheken sind noch nicht so richtig darauf eingestellt. Einige möchten ein Rezept, andere verkaufen nur eine Schachtel und wieder anderen ist es ziemlich egal, was sie ausgeben.

Gran Tarajal hatte 2000 einen Gestaltungswettbewerb ausgeschrieben, um seine hässlichen Häuserfassaden verschwinden zu lassen. Sieht auch nach 19 Jahren noch großartig aus. Der zentrale Platz, Stadtmöbeliert und im Mariechenkäferlook gestaltet. Eine Pippi Langstrumpf, eine Tomatenfrau und, ich möchte es eigentlich nicht verraten, aber ein Eiscafé waren zwischen dem zentralen Ort und dem Meer zu finden. Natürlich nicht nur ein Eiscafé, aber eins, welches, mit freiem WiFi angelockt hat. Das Eis war lecker.

Wieder zurück, Abendbrot bereits am späten Nachmittag, ein Shoppingausflug, wir haben schließlich Urlaub und geredet bis in die Nacht. Frauengespräche. Ein toller Tag.

Die Zeit läuft in Spanien, ich glaube im ganzen Süden Europas anders. Die Welt dreht sich langsamer, nur die Uhren ticken in dem Takt, wie sie im Rest der Welt ticken. Eine klitzekleine Ungerechtigkeit, da die Dinge, die man hier zu erledigen hat per se schon länger als in Deutschland dauern.

Gestern zum Beispiel hatten wir etwas zu besorgen, angesteuert haben wir eine Schlosserei, einen Baumarkt, eine Schneiderei. Pi mal Daumen sollte das Ganze in, nach meinem Gefühl in 90 Minuten erledigt sein. War es nicht.

Stopp eins, die Schlosserei. Die Erklärungen rund um das, was besorgt werden sollte, die Reaktionen der Bürodamen, deren auf spanisch geführte Unterhaltung, einem Sketch anmutend. Beide ähnlich gekleidet, ähnlich frisiert, ähnlich alt, starten in den PC, die leicht übereckstehen und reden mit demselben Gesichtsausdruck. Vermutlich sind sie die Unverheirateten, also die leidigen, ich meine die ledigen Töchter des Eigentümers der Schlosserei. Vermutlich ist es ganz anders.

Vermutlich sind sie nicht verwandt und nur die Angestellten in einem Familienunternehmen. Die ganze Sache dauerte, statt der geplanten 5 Minuten, 30 Minuten. Weiter in einen echten spanischen Baumarkt. Zielsicher in die Deko Ecke. Denke daran, du hast nur einen 20 Kilo Koffer, zwar noch knapp 4 Kilo Differenz, aber eskalieren kann ich bei Dekosch … Definitiv nicht. Obwohl ich wirklich hätte. Ein paar leichte, duftendende Kleinigkeiten durften besser dürfen mit. Mein wichtigster Einkauf im Baumarkt ist ein Karton. Wichtig für … Genau, für den Transport der Nussecken. Die Verkäuferin wollte die Duftsachen in den Karton legen, das wollte ich nicht. Dann riechen die Nussecken nach Kleiderschrankduft und was viel schlimmer ist, sie schmecken dann auch so. Aber ihr das begreiflich zu machen dauerte und ich hatte ein Problem, welches beim Stehen und Warten immer schlimmer wurde und immer mehr drückte, im warten Sinne des Wortes Druck aufbaute. Bezahlt und schnurstracks zum WC, bei dem sich im Nachgang herausstellt, dass das W von WC gestrichen werden kann.

Achtung, wer großes Kopfkino hat, der sollte erst mal nicht weiter lesen. Es lief nicht nach, das Wasser, selbst, als ich den Spülkasten auseinandergenommen hatte. Als der Blick auf die Schüssel halbwegs zivilisiert war, bin ich raus. "Komm schnell weg hier." Hörte ich nur, "Ist auch besser so" sagte ich. Und dachte, woher weiß sie das schon wieder? Unsere schnelle

Abfahrt war nicht wegen meines Problemes, sondern wegen eines roten Dings auf Rädern, heiß begehrt und nicht käuflich zu erwerben. Hier waren die nächsten 30 Minuten weg, eigentlich sogar noch mehr.

Der nächste Stopp, die Schneiderin, ich muss ehrlich gestehen, etwas habe ich mich in den Spitzen und Troddeln, den Stoffen und Deckchen verloren. Die Gedanken an die 20 Kilo und ich kaufte nichts. Die Schneiderin ist in dem Ort, der mit, tatsächlich immer noch, mit Wimpelketten dekoriert ist. Neu ist, dass die Straßenleitsysteme neu gestrichen werden und ein Karussellwagen zu sichten war. "Wollen wir noch einen Cortado, Cotrado?" "Kann ich auch eine Fischsuppe?" Hatte ich dann auch. Welche Freude. Tarajalejo, der Ort mit der Strandpromenade, die kaum jemand nutzt. Der Ort mit der Kunst am Meer, dem Freilichtmuseum der Formen am Meer. Der Ort mit dem schwarzen Sand und den wilden Wohnwagencampern. Und der vermutlich kleinsten Bookcrossingstation der Welt. Es wäre spannend gewesen, nachzuvollziehen, woher die Bücher, welche dort ausgesetzt waren, gekommen sind und welchen Weg sie hinter sich gebracht haben. Ja, da war die nächste Stunde weg.

Inklusive der Fahrzeiten und dem W-LAN Stopp waren wir dann fast 4 Stunden unterwegs. So grundsätzlich nicht schlimm, da der Strand uns für diesen Tag ausgeladen hat. Nur, aber das bleibt auf der Insel. "Kommt jemand mit ins Wasser?, nur rein und gleich wieder zurück? Ohne zu bleiben?" Super Idee, da waren wir, zumindest wir Wassergeherinnen dabei. Was für ein Luxus, das Meer fast vor der Tür. Duschen, Cremen und anziehen.

Früher gingen die Menschen jagen, wir auch. Wir jagten heute im ersten Moment Bikinioberteile, wir jagten schokoladenummantelte Nüsse, wir tanzten und sangen im Auto und wir gingen. Achtung, auch hier wieder, wer großes Kopfkino hat, der sollte erst mal nicht weiter lesen. Alle zur Toilette. Nacheinander in die nebeneinanderliegenden Kabinen und nacheinander konnten wir Entwässerung betreiben. Hier werden Stimmen laut, die sagen, was machen wir nur, wenn der Urlaub zu Ende ist. Um die jetzt nicht Lesenden nicht zu lange auszuschließen, berichte ich vorgezogen von der Rückkehr. Wir unterhielten uns über die Körperwinde, die man mit viel Körperbeherrschung in sich lassen kann. Einmal funktionierte es bei einer Mitreisenden nicht. Alle stritten es ab.

Unser dienstägiger Ausflug führte uns erneut in die Inselhauptstadt Rosario. Eine Restaurantempfehlung, die gut weiter gegeben werden kann. Die Gambas a la Olio, die Knoblauchkrabben, extrem lecker. Sie stehen nicht auf der Karte. Ein kanarischer Wein, von dem ich glaubte, er wuchs auf der Insel, bis mir wieder eingefallen ist, dass ich auf der anderen Insel bin. Trotzdem möchte ich ihn als regional anpreisen. Vega la Seco. Die Fischplatte passte sehr gut dazu und dann war ich geschafft. Im Auto dann die bereits beschriebene Situation und zuhause, viermal Schlaftee. Wir sind schon ein Gurkensalat, ich meine eine Gurkentruppe.

Strandtag, der Strand selber ist über die bereits beschriebene Treppe zu erreichen, goldgelber Sand, sehr feiner Sand, das Wasser türkis, dunkeltürkis. Etwa einhundert Meter rechts Lavagestein, 2000 Schritte in die andere Richtung auch. Costa Calma ist ein Badeort an der Ostküste der Insel, an deren engster Stelle.
Der Strandtag begann gegen 13.00 Uhr.
Davor ein Besuch in einer Bungalowanlage, W-LAN geschnorrt und in die Welt geschaut. Ich bin da schon stur dabei, meinem Internetan-

bieter nicht mehr Internetzeiten abzunehmen, als ich eh schon gezahlt habe.

Einen Einkauf erledigt. So langsam füllt sich das Gepäck mit den liebenswerten Naschereien, die die Insel zu bieten hat. Und natürlich die Sorge, ob das alles in den Koffer passt und das Gewicht stimmt. So ein bisschen habe ich das im Blick, aber tatsächlich nur ein bisschen.

Dieser Supermarkt gefällt mir ausgesprochen gut, breite Gänge, man kann sich gut darin bewegen und bekommt ausreichend Platz um auch nachdenken zu können, was man benötigt, oder auch nicht.

Lebensmittel können geliefert werden, ich meine, gegen einem Aufpreis von 3,95 Euro. Bräuchten wir nicht, da wir tatsächlich gern in den Supermarkt fahren.

Aber dann ging es an den Strand, kein Wölkchen, doch ein paar weiße am Himmel, aber kein Wölkchen, welches unsere Gedanken trüben kann. Sommer pur, Entspannung und Genuss am Meer. Immer mal wieder ein Windzug. Perfektion. Bis zu dem Zeitpunkt, an dem Du dich entscheidest, ins Wasser zu gehen. Die ersten Meter sind so kalt, dass du nur weitergehst, weil alle anderen schauen. Dann bleibst du alibimäßig stehen, schaust den kleinen Sardinenschwärmen, die neugierig angeschwommen kommen zu. Und holst tief Luft. Einen Schritt weiter, du bist bis zu den Oberschenkeln im Wasser. Dann kommt sie, die erste Welle, und der Bauch ist nass. Jetzt ist es auch egal, untertauchen, Luft anhalten, bewegen und bewegen, nicht stehen bleiben. Immer etwas gegen die Strömung. Das Wasser hat so viel Kraft, dass du, wenn du nicht aufpasst, schnell abgetrieben wirst. Deshalb den Kontakt zum Boden nicht verlieren. Die große Empfehlung, geh nicht allein ins Wasser und wenn doch, sage jemanden am Strand Bescheid, dass du ins Wasser gehst.

Hatte ich schon erwähnt, dass das Wasser 19 Grad hat. Ich bin ein Weichei. Es gibt auch Weitere, aber es gibt in unsere Gruppe, unserer Gang, Menschen, die noch nicht im Wasser waren.

Irgendwann kommst du dann aus dem Wasser und denkst, jetzt lass ich mich von der Sonne trocknen. Denkst, es ist durch den Wind echt frisch. Trockene Sachen an. Und das Spiel beginnt von vorne.

Es stellt sich die Frage, was macht man so den ganzen Tag am Strand? Lesen, schlafen, Leute beobachten. Wobei Letzteres immer und immer wieder spaß macht. Sei es die Familie aus dem östlichen Sprachraum, deren Töchter und Mutti Rastazöpfe in pink trugen und der Vater in schönster Prollnatur den Strand in Besitz nahm. Sei es der Heckenpinkler, der sich trotz Hinweisschild in dem Strandsand erleichterte. Seien es die Senioren, die provokativ unter dem FKK verboten Schild lagern und den Strand auf und ab wandern oder aber auch die Leute, die Ebbe und Flut nicht im Blick haben und gegebenenfalls mit Sack und Pack nass werden. Schlafen am Strand, na ja ich beschreibe es mal so. Schlafen am Strand macht rot. Nicht ich, ich bin gewappnet. Ich sag nur, Lichtschutzfaktor 50. Lesen am Strand macht so einen Tag perfekt.

Und dann ist da noch die Geschichte von der Strandverpflegung. Besser mit der Strandverpflegung. Wasser und Brötchen, nur zur Sicherheit, falls ich Hunger bekommen sollte. Nur falls, kaum auf der Liege ist er da, der erste Hunger. Ein bisschen ist das ja, wie mit dem Zug fahren, da habe ich auch sofort Hunger, wenn ich in der Bahn sitze. Tasche auf, wühlen, suchen, Brotbüchse auf. Abbeißen, Brotbüchse zu, in die Tasche. Umschauen, der Gedanke, ich hab da noch was in der Büchse, wieder raus, abbeißen, zu, rein. So geht es ein paarmal, bis die Dose alle ist.

So viel ist dann auch nicht darin. Gewesen.

Zum Abend, Ziegenkäse auf Tomaten. Ich war von dem angenehm milden Geschmack überrascht. Dazu diverse Puffer, eine Sorte sah aus, wie ein frischer Verkehrsunfall. War dennoch ausgesprochen lecker. Salat und Wein, tolle Gespräche über Frauensachen. Detaillierter möchte ich nicht dazu schreiben. Nur soviel, auch, Innovationen der Damenhygiene spielten eine Rolle.

Ein liebgewordenes Ritual, wir spielen gemeinsam ein Ratespiel. Ich bin am besten bei Essen und Trinken und bei Glaube und Religion. Alles andere ist eher semi.

Und dann kam er, kam sie, die Invasion, eine echte Invasion, eine Invasion der Mücken. Ohr, Oberschenkel und Arm, jucken ohne Ende. Schlaftee vergessen und das Ende vom Lied. Halb fünf war ich wach, oder halb vier. Die anderen auch, aber das ist ein neuer Tag, ein neues Erlebnis.

Am Abend war ich ja ein bisschen traurig, aber nur ein bisschen. Wir starteten einen weiteren Versuch, den Sonnenuntergang zu beobachten, uns von dem Roten Meer, nicht von dem Roten Meer, sondern dem Roten Meer verzaubern lassen. Den in rotes Licht getauchten Himmel, dem langsam immer röter werdenenden Himmel hinter den glitzernden Wellen, in dem sich die Sonne dann verliert und ganz verschwindet. Für diesen Augenblick, für diesen besonderen Augenblick war eine Flasche Sekt in unserem Gepäck. Wir tranken sie nicht.

Am Morgen, ein Blick aus dem Fenster, kein Strandwetter. Irgendwie war alles bezogen. Obgleich so ein kanarischer Grauton noch immer besser aussieht, als ein Grauton in meinem Breitengrad. Erheblich freundlicher. Insofern es denn ein freundliches Grau gibt. Für mich ist das ja ausgesprochen schön, wenn der Tag nicht mit Strandwetter beginnt, wirklich schön, es gibt einen Ausflug. Unser Ausflug führte uns erneut nach Gran Tarajal. Es waren noch Wandgemälde offen. Der Weg dorthin, erneut über einen Baumarkt, Ferriraria oder so ähnlich heißen sie. Wir sind noch immer auf der Suche nach besonderen Dingen, besonderen Schrauben. Es gestaltet sich wirklich schwierig mit dem Schraubenkauf. Sie, die Schrauben sind ja schon sehr besonders. Müssen sie sein, aber ich weiß nicht genau, was das Besondere daran ist. Also, der Schrauben nicht fündig geworden ging es in die Stadt, was wir finden konnten, waren weitere Wandbilder, dabei ist auch mein erklärtes Lieblingswandbild, das mit der Schildkröte, wie sie ihren Hals aus ihrem Panzer in

Richtung Meer streckt, auf einer strahlend weißen Wand. Schön. Mein Koffer füllt sich weiter mit Dingen, schönen Dingen aus Gran Tarajal. Den anderen geht es ähnlich, wir teilen uns für die Rückreise, den Rückflug einen weiteren Koffer. Vermutlich wird in Berlin eine große Kofferumpackorgie gefeiert. Ein Päuschen um W-LAN, mit Blick auf den Strand, ein Stadtstrand, die Farbe des Sandes eine Mischung aus dem goldenen Sand der Costa Calma und dem schwarzen Sand aus Tarajalejo. Dem Ort mit der besten Fischsuppe. In Gran Tarajal hatten wir ein Thunfischsandwich, lecker, sättigend.

Nur wusste ich nicht, dass mir auf der Rückfahrt angeboten werden wird, in Tarajalejo eine Fischsuppe essen zu können. Ich wusste es wirklich nicht, ich hätte tatsächlich auf das Sandwich verzichtet. Nun war ich zu satt um ja zu sagen.

Inzwischen zog die Sonne auf, Strandwetter, lesen, schlafen, Leute schauen. Entspannen. Hier fällt mir gerade ein "und täglich grüßt das Murmeltier." Und dann, ich mag es fast nicht schreiben, zum Supermarkt, Mercadonna, ein Supermarkt mit Meerblick. Bestellungen abarbeiten, weitere liebgewordene Dinge besorgen. Es soll ein weiteres Mal Ziegenkäse geben. So viel zum Thema, ich esse keine Ziege. Ja, und den Sekt, für den grandiosen Sonnenuntergang in La Pared, noch habe ich die Hoffnung darauf nicht aufgegeben. Auf in den Ort, wo sich am Ortseingang das Restaurant Plan B befindet. Das ist auch nötig, nicht das Restaurant, er ist nötig, der Plan B. Wieder kein grandioser Sonnenuntergang, also auch keinen Sekt. Den tranken wir dann zuhause, eigentlich tranken wir den Rest, der nicht auf meinem Pullover gelandet ist. Es gab einen kollektiven Lachanfall, nach dem ich sagte "Schei ..., jetzt bin ich nass." Und vergessen habe ich zu erzählen, dass mir beinahe das Handy aus der Hand gefallen ist, was grundsätzlich nicht schlimm ist, wenn man es nicht aus dem Autofenster bei 100 km/h hält, um die weltbesten Bergfotos zu machen.

Um neun ist Abfahrt, das schaffe ich locker, denke ich, da wird es überhaupt kein Problem geben.
Acht Uhr fünfunddreißig, ach her jeh, um neun ist Abfahrt, jetzt muss ich mich tatsächlich beeilen. Urlaub und Stress, geht aber nicht.
Pünktlich zur Abfahrt, sogar zehn Minuten eher bin ich fertig. Zähne putzen habe ich noch geschafft.

Die anderen waren schon auf und hatten richtig Spaß. Der Spaß zog sich über den ganzen Tag hin.

Hatte ich bereits erwähnt, dass unsere Gruppe, was die Morgenroutine betrifft, völlig unterschiedlich ist. In der ersten Woche war ich zum Beispiel morgens als erste wach. Habe mich sehr langsam und leise durch das Haus bewegt, die anderen schliefen, zwei aus unserer Gruppe stehen auf und sind nach einer kurzen Anlaufzeit fit, kurze Anlaufzeit bedeutet Käffchen und Zigarette, ups, natürlich nicht Zigarette. Käffchen. Ja und dann gibt es Dark Angel. Dark, Black, schwarz, die ihre beste Zeit des Tages am späten Abend bekommen wird. Der Morgen ist so gar nicht ihres. Es dauert mit dem Wachwerden, es dauert mit den Augen aufmachen, es dauert mit dem teilhaben an den täglichen Dingen. Einmal, wirklich einmal war es so, dass Darky als Erstes wach war und den anderen Menschen Kaffe ans Bett serviert hat.

Einmal. Ich persönlich vermute ja, dass Darky gar nicht ins Bett gegangen war. Sonntag war, wie gesagt neun Uhr Abfahrt angesagt. Mein Auftritt zehn vor neun, vielleicht auch Viertel vor neun, für die Insider, dreiviertel neun. Alles lachte, "hast du schon in unseren Gruppenchat geschaut?". Hatte ich natürlich nicht. Bis hier her hatte ich zu tun. Und dann kam das, was ich den ganzen Tag im Kopf behalten habe. Ein Foto von Darky und ein zweites, als sie das erste sah. Am Abend werden wir dieses Foto mit Lachflashs und Verwertungsideen feiern. Z. B. Mieten Sie bei mir, sie sind doch nicht irgendwer. Oder aber auch, kommen Sie auf die Insel.

Man muss sich ein völlig vom Schlaf gezeichnetes Gesicht, mit unheimlich vielen Entfaltungsmöglichkeiten, mit einer wirren Lockenpracht und Palmenwedeln im Hintergrund vorstellen. Bein schreiben fällt mir ein, es könnte auch das Werbegesicht für legale Aufputschmittel werden. Ich darf und soll darüber schreiben. Es war ein Punkt, der zeigt, dass wir echt gut mit einander umgehen können und herzlich über uns lachen. Gut, dass es mich nicht getroffen hat.

Abfahrt zum Bauernmarkt. Dieser läutet gefühlt das Abschiednehmen ein.

Wir holen die bestellten Nussecken ab. Kaufen weniger Gemüse und Obst ein, überlegen, ob wir noch das eine oder andere Mitbringsel besorgen und gönnen uns ein klassisches spanisches Frühstück, böse Kohlenhydrate in Fett gebacken. Churros mit dickem Kakao. Eine Portion für alle, ich zweifelte, ob wir davon satt werden würden. Wurden wir.

Zurück vom Bauernmarkt, Lebensmittel verstauen, Nussecken verpacken und ab zum Strand.

Und dann konnte ich ein weiteres Mal ein wunderbares Erlebnis erwarten.

Ein Spaziergang in Richtung der Kitesurfer, entlang an Klippen, Felsvorsprüngen und wunderbaren Stränden. Krabben und Streifenhörnchen trafen wir auf dem Weg, sind die Hörnchen putzig, sie stehen wie Erdmännchen und schauen dich an. Sie wohnen in den Klippen und lassen sich gern füttern. Die Touristen machen das auch, obwohl sie es nicht sollen.

Bevor wir losgingen, "Achtet auf die Gezeiten." Sogar per Nachricht. Wir hatten sie im Blick, die Gezeiten aber auch die Weite des Meeres, besagtes Knoblauchbrot und den obligatorischen kleinen Kaffee.

"Willst du unten lang gehen?" "Unbedingt." Ich wollte das Erlebnis, es erleben, die Gezeiten zu erleben, in den Klippen zu klettern und von einer Welle pitsch nass zu werden, ich wollte unten am Strand langlaufen und auch unten ankommen, allen Warnungen zum Trotz, es kam so, jeder Schritt vorsichtig gesetzt, pitsch nass geworden, an den Felsen festgehalten und gefreut, dass es funktioniert hat. Das ist auf jeden Fall eine Wiederholung wert.

Nächstes Mal, wenn ich wieder auf die Insel komme.

Abendessen, besagte Bratwurst, ich hatte mal erwähnt, dass ich tatsächlich manchmal Bratwurst esse. Besagte Bratwurst und das leckere, aber ungesunde Essen schafften es dann, dass ich mich legen musste. Passiert mir nicht wieder.

Abendliches Highlight, das Probekofferpacken. Vermutlich werde ich mit dem Volumen klar kommen, Gewicht im Aufgabegepäck auch. Das Handgepäck, die Stewardess sollte dieses besser nicht verstauen.

Irgendwie ist tatsächlich der Abschied eingeleitet.

Aber vor dem Abschied kommt der erneute Lachflash, ich sage nur Darky.

Unbezahlbar.

Irgendwie habe ich das Gefühl, als wenn ich schon ewig auf der Insel bin und zum anderen aber auch, als wenn die Zeit viel zu kurz war, zu schnell vergangen ist. So ein wirklich schönes, dankbares Gefühl, eine so schöne Zeit gehabt zu haben, so viel erlebt zu haben und auch so ausgesprochen entspannt sein zu dürfen.

Montag, der letzte Tag der letzte volle Tag, ich fange schon an, rückwärts zu zählen. Wie viel Stunden Sonne kann ich noch genießen, wie oft kann ich noch ins Wasser. Es werden dann etwa sechs Stunden Sonne, besser sechs Stunden Strand und davon gefühlte zwei Stunden im Wasser werden. Das Wasser, im ersten Moment noch immer eiskalt, etwas später dann angenehm, warm zu sagen, wäre übertrieben, aber angenehm, ja, das trifft es richtig. Im Wasser bleibe ich so lange, bis die Füße kalt sind. Richtig kalt. Der Sandboden am Strand ist stark aufgeheizt, dass die Füße absolut schnell wieder warm werden.

Im Wasser selbst, ist es zauberhaft, mit kleinen Fischen zu schwimmen, vermutlich Sardinen. Die Wellen wurden über den Tag stärker und boten eine Plattform zum Wellenhüpfen.

Das Strandleben, nicht anders als sonst. Lesen, dösen, genießen. Das Wolken- Sonne Spiel beobachten und natürlich Menschen. Ich glaube, jeder der am Strand entlang geht, ist sich bewusst, dass er beobachtet wird.

Bevor es zum Strand ging, gab es noch einen kleinen Ausflug zum Supermarkt, Brot, Wegzehrung für die Abreise besorgen. Im Flugzeug werde ich dann die erste Portion direkt nach dem Ausblenden der Anschnallsignale essen. Ich vermute, die anderen auch.

Am Strand gab es dann die Diskussion, eine erneute Diskussion zum Abendessen. Wir drei, die wir am Strand waren, diskutierten es aus, das heißt, ich sagte ja und dann erging folgende Nachricht: "An die Regierung da oben, die Opposition stellt einen Antrag, der einstimmig schon von uns durch ist, ich esse den Rest von gestern, Ydaj macht aus den 2 Eiern Eierkuchen und jemand muss Pizza holen, dies steht noch zur Abstimmung." Aber nicht wirklich. Somit wurde die Koalition überstimmt.

Wir hatten zum Abend noch Besuch, das war insofern gut, weil es dann schon aus diesem, aus diesem Grund Pizza gab. Und Knoblauch-brot.

Unser Probekofferpacken wiederholte sich. So ein bisschen ist das ja wie Tetris. Ein Stück rein, eins raus. Meine Tüte Reis war in vier Koffern, um dann in der "kleinen" Tasche im Handgepäck zu landen, gleich neben den Gewürzen und der Mitbringdeko. Diese kleine Tasche ist am Ende gefühlt schwerer als Koffer und Handgepäck zusammen. Aber nur gefühlt.

Durch das strategisch kluge Packen aller, sind wir mit den Koffern im Limit von 20 Kilo. Wie abgesprochen hatte jeder 19,8 kg. Wir hätten tatsächlich jeder noch eine Fußcreme reinpacken können. Hätten wir, haben wir aber nicht. Kosmetikartikel sind wohl günstiger als in Deutschland Also, das, was ich mitbringe, war günstiger und ist gut. Einmal durchgetestet.

Bevor der Besuch kam, sollte Sekt besorgt werden. Habe ich erledigt, Brut. Für uns Kenner, es war der Falsche, Semiseco wäre der Richtige gewesen. Bis zum ersten Schluck merkte es auch keiner. Es ahnte auch keiner. Bis, ja bis zum ersten Schluck. Ich bin mit meiner Sektauswahl durchgefallen. Schade, mir war er ok. Sehr ok.

Eine große Resteschlemmerei mit Pizza.

Oliven, Knoblauchbrot, Tomaten und Obst. Und nicht zu vergessen, perfekte Eierkuchen.

Dann ging der letzte Tag, der letzte Abend zu Ende.

Jetzt sitzen wir im Flieger, hinter uns polnische Kinder, in der Nebenreihe jemand mit einem T-Shirt "Bernauer Schleife", die Familie mit den pinken Rastazöpfen und der Heckenpinkler sitzen auch hier irgendwo. Und sonst. Alles normale Menschen. Über den Wolken. Berlin, wir kommen. Mit etwas Trauer im Bauch, mit vielen Erlebnissen, mit neuen Freunden und mit dem Wunsch, bald wieder zurückzukommen.

Kroatien

Haben wir Koffer, oder haben wir keine, wenn ja, wie viele Kilo? Und überhaupt wo steht das denn, in welcher Mail, in welchem Schreiben steht das mit den Koffern. Seid Dienstagabend, ich weiß genau, dass ich das gemacht habe, oder doch nicht. Ich bin mir sicher, es liest sich so, als es ist mit Koffern gebucht. Am Mittwoch wieder kleine Zweifel, wo stand es noch mal, die Freundinnen gefragt, hatte ich Koffer, hatten wir Koffer.

Sie wissen es auch nicht. Am Donnerstag erzähle ich meinen Kolleginnen von dem Kofferproblem. "Na sie waren doch schon so oft unterwegs, sie werden doch wohl einen Koffer gebucht haben." So grundsätzlich glaube ich das ja auch. Aber wo steht es?

Also so langsam muss ich es wissen, meint die eine, ich muss wissen, was ich für einen Koffer brauche. Handgepäck oder einen zum aufgeben und es macht Click. Ich meine, ich habe Aufgabegepäck gebucht. Nur wo.

Freitag, online Check-in, supereasy, tolle Plätze, nebeneinander, Boardingpass ausgedruckt, damit wir was in der Hand haben. Boardingpass angeschaut. Handgepäck steht drauf. Aber wo sind die Koffer.

Mensch, ruf doch einfach mal da an, meint mein Kind. Anrufen? So einfach. Ok, ich mach das. Anrufen, warum komme ich nicht selber auf die Idee? "Sie haben drei Koffer a 23 Kilo, also 69 Kilo." Am Ende haben wir dann 25,7 Kilo. Ich sag mal so, Handgepäck und ein Koffer hätten es auch getan.

Es ist so schade, wirklich schade, der Text von einer ganzen Stunde Flug ist weg.

Ich muss mir tatsächlich überlegen, wie ich dieses offline Speicherproblem lösen kann. Bisher schrieb ich im Mailprogramm und das klappte gut. Nur im Flug Modus verschwindet es. Technische Dinge, die mich nicht interessieren, die aber funktionieren müssen.

Also, das Kofferthema war ja geklärt. Nur, wie kommen die Koffer in das Flugzeug, richtig auch diese müssen ein gecheckt werden.

Also ...

Aber vorher kommt die Fahrt zum Flughafen.

Die Reise geht mit Mariechen und mit Radieschen und immer, wenn Mariechen mit öffentlichen Verkehrsmitteln unterwegs ist, gibt es Drama. Diesmal war es dann direkt der Schienenersatzverkehr. Wir lassen uns shutteln. Der Fahrer war pünktlich, alle anderen auch, wir fahren zum Lieblingsflughafen in der Hauptstadt. Der Weg, den der Fahrer nimmt, eher gewöhnungsbedürftig. Aber am Ende werden wir nur eine minimale Abweichung haben, dafür schöne Ausblicke.

Natürlich waren wir zu zeitig am Airport, zu zeitig.

Koffer Check-in.

Wir hatten ja Zeit und konnten Mitwartende beobachten.

Asiaten zu Beispiel, eine Reisegruppe von zirka 8 Männern, die die Fortsetzung von "Ich packe einen Koffer" spielten. In der Wartezeit, in der Wartereihe. Das Spiel geht so. Alle Koffer werden nacheinander geöffnet und der erste nimmt ein Teil aus dem Koffer und gibt es dem nächsten, immer nach einander. Und aufpassen, dass alle drankommen, sonst gibt es Trauer. Und man muss das Spiel ein weiteres Mal spielen. Solange, bis alle das verstanden haben und in jedem Koffer ein Stück aus einem anderen Koffer ist.

Und irgendwann haben sie es verstanden. Aber das Prinzip des Check-in nicht. Alle auf eine, alle aus der Gruppe an einen Schalter. Die Bedienstete der Fluggesellschaft mochte das nicht, mit einer Ausdauer erklärte sie, dass sie sich aufteilen mögen. Irgendwann klappte dann auch das.

In der Zwischenzeit diskutierten wir mit einem jungen Schweizer unser deutsches Müllsortierungssystem. Einmal an Hand eines Franzosen, der den Becher mit samt dem Strohhalm in das Fach mit dem organischen Müll warf und an Hand einer Dame, welche ihr Silberpapier in das Papierfach warf. Beide alles falsch gemacht. Dabei wäre es so einfach gewesen, hätten sie sich die Bildchen, wir Fachleute sagen ja Piktogramme dazu, also hätten sie die Augen aufgemacht und hingeschaut.

Zugute muss man ihnen halten, dass sie wenigstens die Müllfächer nutzen.

Das Boarding, ein Traum, die Plätze super, es gab Eis und Tomatensaft. Mitreisende, die keine großen Eindrücke hinter lassen, bis, ja tatsächlich, bis ein Herr in der Reihe vor mir, ich konnte es durch die Lücke in den Sitzen sehen, bis er mit zwei, mit zwei Fingern in seinem Mund zu wühlen begann, es war eklig. Sehr eklig. Keine weitere Beschreibung, aber es war wirklich eklig.

Im Anflug auf Zürich konnten wir noch weitere Eis "schnorren" eine Stewardess stellte es bei uns ab und wir fragten einfach, ob wir es behalten können. Konnten wir. Beim Ausstieg noch eine kleine Schokolade und der Flug war perfekt.

Zürich Airport, zwei Stunden W-LAN. Und einen langen, sehr langen Weg zum nächsten Gate. Um dann. Ja, klar um in den nächsten Flieger zu steigen. Ich sag nur so viel. Es hat viel Überredung gekostet, das wir wenigstens mal schauen. Und unseren Platz ausprobieren. Und dann kamen wir nicht mehr raus. Eine Propellermaschine und wir sitzen fast auf dem Propeller. Mariechen und Radieschen beim Start. Ein Bild für die Götter. Und

Ich, ich konnte nicht aufhören zu lachen. Kameradinnenschwein aller erster Güte. Sorry ihr beiden.

Wenn zwei dickere Menschen neben ein ander sitzen gibt es ein Problem, ein Berührungsproblem, ich hasse es schon in den alten Regionalzügen, da hat man allerdings noch die Chance auszusteigen, das geht hier wirklich nicht und umsetzen, der Flieger ist ausgebucht. Da wird das mit dem umsetzen nichts.

Was aber wird, ist die Welt um mich rum, die da draußen, sie wird langsam dunkler, die Sonne geht unter und wir sind in der blauen Stunde. Tolles Licht. Nur Sonnenuntergangsfotos wird es nicht geben, "Hoffentlich überleben wir." War die Bemerkung. Werden wir, ganz sicher.

Versprochen. Das Flugzeug ist so laut. Ich sage nur. Hörschutz. Ich nutze einen Hörschutz. Die Lautstärke kommt von den Propellern. Jeder, dem ich von diesem Flugzeug erzählt habe und der dazu noch männlich ist, war neidisch auf unser Flugzeug. Alle wollten einmal damit fliegen. Für meine Ohren wäre ein normales Flugzeug bekömmlicher gewesen.

Wir haben überlebt und wir haben den Mond auf unserer Höhe gesehen, so richtig auf Augenhöhe mit dem Vollmond, das hatte ich nicht erwartet, wirklich nicht, ein Erlebnis.

Die Landung, ohne Probleme, die Mädels haben noch im Flugzeug überlegt, ob überhaupt Räder am Rumpf sind, sind nicht, denn diese sind an den Propellern, besser an den Tragflächen, wo auch die Propeller sind. Hätten sie das gleich gesehen, sie wären nicht eingestiegen.

Wir überlegten, ob wir aus Kinderbausteinen auch so ein Flugzeug bauen könnten. Vermutlich ja. Oder aus Holz oder sogar aus Stöckchen. Es wirkte wirklich einfach zusammengebaut.

Wenn wir aber denken, das war es heute, für heute so mit den Aufregungen, tja war es nicht. Wir wollten Abenteuerurlaub, wir bekamen ihn. Die Fahrt zu unserer Unterkunft begann gemächlich, gemütlich und nahm langsam Fahrt auf. Zügig ging es in Richtung Unterkunft.

Die Fahrt zur Unterkunft ist ein Entgegenkommen eines Kroaten, weil wir ihm im Frühjahr entgegengekommen sind. Er hatte eine Unterkunft falsch, richtig falsch ausgepreist und auf dem Vermietungsportal eingestellt. Ich hatte es direkt gebucht. Und bezahlt. Nach einigem Hin und Her sind wir dann vom Vertrag zurückgetreten und er sorgt dafür für unseren Transfer.

Win-win Situation.

Also wir im Auto, das Auto fährt und es sieht schon ein bisschen so aus, als ob wir uns der Unterkunft nähern. Schönes altes Zeug. Enge Straßen, so enge Straßen, dass wir weder vor noch zurückkommen, das wir am Abhang wenden müssen und wir echt nah an Selbigem standen, so nah, dass diesmal auch mir übel wurde. Und dann sahen wir es unsere kleine, besser unser kleines Zuhause auf Zeit, Edita unsere Vermieterin wartete schon auf uns, gab ein schnelles Update, mittels einer Übersetzungsseite im Internet und tauschte die ersten Kuna, die Landeswährung, ein.

Wir wissen nun, in welche Richtung der Supermarkt zu finden ist. Wo es einen Bankomat gibt und wo, das ist das wichtigste, wo es zum Meer geht. Ich freue mich sehr darauf, auf das Meer.

Was gibt es Schöneres, wenn du morgens aufwachst, die Sonne scheint und. Ja und du dich noch mal drehen, umdrehen kannst. Und noch ein bisschen weiterschlafen kannst. Und die Sonne ist dann noch immer da.

Unser erstes Frühstück in einem Kaffee, nicht so gut wie zu Hause, aber mindestens genau so teuer. 50 Kuna, das ist die hiesige Währung, waren für ein Omelette und einen Kaffee, einen Kaffee, der noch wachsen will, weg. Ab morgen frühstücken wir zuhause. Wirklich.

Zuhause auf Zeit, eine Küche mit einem Sofa, ein Esstisch und dem Zugang zum Bad. Eine Stiege führt nach oben, wo sich zwei Schlafzimmer befinden. Die Aufteilung, also ich hab ein eigenes Zimmer.

Der Tag wurde vom Wasser bestimmt, der nahe Stadtstrand gefiel uns nicht, also weiter. Mariechen verfügt über diverse Tipps, wo sich bessere und schönere Strände befinden. Also auf die

Suche, wir liefen und liefen und dann war da ein Zaun. Der Tipp war toll, die Umsetzung eher mangelhaft.

Hätten wir den Zaun nicht gefunden, also den, der uns den Weg versperrt, hätten wir den Abgang zur Bucht nicht finden können. Ein Felsvorsprung, der wie für uns gemacht schien. Auf dem Rückweg werden wir dann noch sehen, dass dieser Vorsprung von einer großen Anzahl von Paaren genutzt wird. Tütchen von Verhütungsmitteln und deren gebrauchter Inhalt zeugten davon.

Gut, dass wir all das erst beim Aufstieg sahen, der Abstieg war sehr anstrengend, teilweise auf allen vieren und immer leichtes Vortasten, später werden wir einen Trampelpfad entdecken. Die kleine Felsenbucht, eine Schönheit, wirklich. Wir tasteten uns ins Wasser. Das Wasser klar und weich und warm. Und wir darin, wir haben es geschafft, wir sind geklettert, gehangelt, gekrochen, gestiegen, umgefallen und aufgestanden bis, ja bis Wellen kamen. Ich hatte vergessen, wie stark der Sog ist. Es zieht dir die Beine weg, schleudert dich hin und her. Blöd ist nur, wenn, genau, die Felsen dort sind und sich jene Angst entwickelt, die du nicht möchtest. Die Angst, mit dem Kopf irgendwo gegen zu schlagen, die Angst, dass die Gliedmaßen brechen.

Angst eben. Also ist der ganze Körper ange-
spannt, dass genau das nicht passiert.

Da ist es schon das kleinere Übel, wenn du mit
dem Bauch über einen der Felsen schrammst
und beim aus dem Wasser steigen blutest, wirklich ein kleineres Übelchen im Vergleich. Eben.
Allerdings die Schnitte und Blutergüsse, die
Radieschen bekommen hat, tun richtig weh.
Schon das Anschauen tut weh.

Nun war der Besuch der Bucht beendet. Wir
stiegen wieder auf, wo wir die entsprechenden
Entdeckungen machten.

Ein Päuschen im Pinienwald, an einer Boule-
bahn. Ein paar Minuten die Augen zu und weiter
geht's. Supermarkt gerockt und Eisessen auf
unserer Terrasse. Zumindest dachten wir.
Unsere Terrasse, bis zu dem Augenblick, als ein
Koreaner dort saß und rauchte. Wohl doch nicht
unsere alleine. Ein weiterer Gang zum Meer, nun
doch zum Stadtstrand.

Fazit, die Felsenbucht ist nicht zu toppen. Aber
zum Leute schauen ist der Stadtstrand besser,
dünne, dicke, große, kleine, alte und junge. Alles,
was Split so anzubieten hat.

Auf dem Rückweg dann, ein riesen Stau in einer
kleinen Straße, ausgelöst durch ein Auto, welches wartete, das jemand einen Parkplatz frei

macht. Es sind so unendlich viele Autos in der Stadt.

Wir laufen. Heute 8009 Schritte, 8009 durch Split ans Meer.

Davon sind es 2000 Schritte bis zum Meer, immer gerade aus und etwas 3000 über Schritte zum Hafen.

Heute Morgen ging es zum Hafen. Über einen Hutstand. Es ist spannend zu beobachten, wie Frauen Hüte kaufen. Es dauerte nur 20 Minuten, dann saßen die Hüte fest auf den Köpfen und wurden nur noch zum Baden abgenommen. Schöne Hüte auf schönen Köpfen.

Es soll auf das Wasser gehen, es soll eine Bootsfahrt entlang der Küste von Split werden, vorbei an unserer Badebucht, vorbei an Stränden, am Kloster und an Titos Villa. Anderthalb Stunden auf dem Wasser, mit Apfelsaft in süß oder Wein in sauer.

Ich war die Sauerfraktion. Musikalisch untermalt mit Musik von Eric Clapton.

Ein erster Blick in die Altstadt, ein bisschen italienisch, ein bisschen römisch und voller Touristen. Asien muss leer sein. Unglaublich die Touristengruppen, sie rennen sich gegenseitig um.

Fingerfood zum Mittag, ehrlich erstanden an der Wärmetheke im Sparmarkt. Verspeist auf der Stadtmöblierung an der Hafenpromenade. Wir hatten eine gute Zeit. Und dann galt es eine Entscheidung zu treffen. Was machen wir morgen? Wandeln auf den Spuren von Goyko Mitic, dem Kultindianer meiner Kindheit. Ähm, ich meine Winnetou, Pierre Brice, dem Kultindianer aus der Jugend Mariechens, oder den Tag auf dem Meer verbringen. Wir haben eine entsprechende Entscheidung getroffen.

Etwas platt dann zum Strand, ganz profan zum Stadtstrand. Die Platzwahl war wegen einer einzelnen Dame erschwert. Drei Umzüge und dann passte es halbwegs. Mein Gott bin ich anstrengend. Das Wasser super, das Wetter super, Leute schauen, super. Bier trinken, auch super, eigentlich sollte es ein erfrischendes Radler sein, aber mangels Sprache. War es Bier.

Im Wasser spielten Männer aller Altersklassen ein Spiel, welches mit einem Ball in der Größe eines Tennisballs vorangetrieben wird. Sie laufen, springen und fallen ins flache Wasser, jagen sich oder spielen es über ein Netz. Keine Chance, ein System zu erkennen. Nicht die geringste.

Nebenher haben wir heute gelernt, dass das Wasser für Split aus den Bergen kommt, dass es immer trinkbar ist, auch an öffentlichen Stellen. Die Mädels haben es getestet, sie leben noch und übermäßige Toilettengänge habe ich bisher nicht beobachtet. Selber habe ich es nicht versucht. Einer muss ja die Rückreise um Blick haben.

Wir wollten Abenteuer, wir bekamen Abenteuer. Abenteuer in Form des heutigen Ausfluges.

5:45 Uhr geht meine Zimmertür auf, ach du bist schon wach. Bin ich. Wir werden gegen halb sieben, vielleicht auch erst gegen dreiviertel losgehen. Die Entscheidung fiel gestern gegen Winnetou zugunsten der großen Bootsfahrt aus. 7:15 Uhr treffen, 7:30 Uhr Abfahrt. Zumindest war es so geplant. Zuspätkommer gibt es überall, auch in unserer Gruppe. 11 Menschen werden mit uns auf das Abenteuer gehen. 11 Stunden auf und im Meer und zu gegebener Weise auch am Meer. 11 Stunden Bootsfahrt bei schönstem SOMMER-Wetter.

Und wie schon gesagt, wir wollten Abenteuer, wir bekamen Abenteuer. Das Erste war schon der Einstieg auf das Boot.

Erst auf das eine und dann auf das andere, eine Herausforderung, eine wirkliche Herausforderung. Leider habe ich nicht beobachtet, wie die anderen Menschen auf das Boot gestiegen sind, und somit wollte ich kurzfristig entscheiden, wie ich aufsteigen kann. Es ging gar nicht, ich stand da wie blockiert, bin dann zurück und sagte zu Radieschen, geh du vor. Blöde Idee, sie bekam es irgendwie hin, auf jedem Boot, wir mussten über ein anderes Boot steigen, ein Bein und das Boot driftet ab. Erst sah es aus, als wenn sie Spagat kann, dann, als wenn sie ins Wasser stürzt. Schreck, dann war sie drauf, auf dem Boot und hatte sich richtig weh getan, wir reden nicht darüber wo, aber ich habe so meine Vermutung. Damit war die Geschichte noch nicht fertig. Ein Schrei "Can you Help me" UND auf einmal ein Gewusel auf dem Boot. Radieschen hat sie alle aktiviert, das Boot an der Reling zu halten. Es driftete wieder ab. Mariechen und ich kamen dann als letzte recht entspannt an Bord.

Jeder findet seinen Platz, die Jungen auf dem Sonnendeck, wir Alten, heute sind wir die Alten, also die Alten auf dem Vorderschiff.

Der Fahrtwind bläst uns richtig durch, gut, dass ein Kapuzenpullover vom kleinen großen Kind in meinem Koffer war. Die Ohren sind geschützt.

Und dann kommt sie, die für Surfer perfekte Welle, die Welle, gegen die der Steuermann anfahren muss, um nicht darüber zu springen.

Gut geschafft Steuermann, nur mein Rücken war nass.

Ein Erlebnis, ein wunderbares Erlebnis, welches Mariechen die Tränen in die Augen trieb. Wir sahen eine Delfinschule. Fünf oder sechs Tiere, Eltern mit ihren Jungen. Sie waren in Spiellaune und zeigten sich uns immer wieder. Einfach so. Es war unbeschreiblich, in einer Gleichmäßigkeit, so elegant. Schön, dass wir das heute erleben durften. Wir waren alle geflasht. Ich mag die Delfine in Freiheit so sehr.

Erster Stopp, eine Steinlandschaft am Strand. Größere Kieselsteine, eine Strandhütte, ein guter Kaffee, die Möglichkeit zu baden oder zu chillen.

Wenn man an einem solchen Ort Urlaub macht, meint Mariechen, dann kommst du absolut zur Ruhe, das glaube ich auch.

Bis hierhin waren wir ca. 2 Stunden unterwegs.

Auf zum nächsten Stopp. 30 Minuten.

30 Minuten Fahrt und 45 Minuten Aufenthalt auf der Insel Vis. Sie scheint das Mekka der Fahrradfahrer zu sein. Man könnte fast glauben, es findet ein Inselrennen in diversen Altersklassen statt.

Der Ort, in dem wir Pause machen, den Namen recherchiere ich noch, erinnert unglaublich an die alten, 50 iger Jahre Filme aus Capri. Nur mit mehr Menschen, viel mehr Menschen.

Vis heißt der Ort, genau so, wie die Insel.

Ein paar Aussteiger auf Zeit, besonderes Kennzeichen feder als Nasenpiercing. Sehenswert.

Das Auf und Ab ins Boot bekommen wir immer besser hin, anstrengend aber besser. Inzwischen haben wir auf dem Boot eine Unterstützungsgemeinschaft gegründet. Feige gegen Unterstützung. Die Feigen gab es heute Morgen auf dem Wochenmarkt. Und da es nur ganze Kilo gab, können wir teilen. Der nächste Stopp wird ein ganz besonderer sein. Die blaue Lagune. Das ist der Ort, wo eine sehr bekannte Person unbedingt mit ihrem Ehemann schwimmen musste und sehr gern die dafür fällige Strafe zahlte. Vermutlich bekam sie keine Wartemarke um 150 Nummern abzuwarten und dann mit unzähligen anderen fremden Personen zu fahren. Unser Guide ist leider nicht so toll, wie es von einem Guide erwartet wird. Vom Gefühl her hat er wenig Lust, mit den Gästen umzugehen. Schade eigentlich.

Die blaue Lagune selber, sehr schön, gehört zum Geopark Archipel von Vis. Ist Welterbe, wird von der UNESCO unterstützt und wunderschön. Es scheint Süßwasser zu sein.

Den Strand 2017, einen ganz besonderen Strand, konnten wir nur vom Wasser aus sehen. Irgendwie hatte ich die Erklärung unsere Reiseroute gestern anders verstanden. Mental auf chillen am Strand eingestellt, es sieht noch nicht so aus, als wenn es das noch geben wird. Schade, dass ich eben nicht mit im Wasser war.

Die Fahrt geht weiter, wir jagen über das Meer, um dann in Hvar anzulegen. Anderthalb Stunden Zeit zum Anschauen, zum Baden, zum Essen, zum, was wir so machen möchten. Eine hübsche Stadt, mit einer imposanten Festung, die über einen längeren, ca 20 min. Aufstieg zu erreichen ist. Von dort haben wir einen Blick auf die Stadt und die Bucht. Hätten wir, wenn wir denn, wenn wir diesen Aufstieg gewagt hätten. Unsere Herausforderung war eine andere, gemütliches liegen am Kieselstrand. So etwa wird sich ein Fakir fühlen. Am Strand unterhalten wir uns über unsere Crew und stellen fest, dass der eine überhaupt kein Interesse an uns Gästen hat. Er nuschelt sein Programm runter und auf Nachfragen reagiert er unwillig. Schade, wirklich schade, dass unser toller Ausflug so einen faden Beigeschmack hat.

Ein paar Sachen haben wir bisher gelernt. Mit Englisch kommst du weiter. Traue keinem Verkäufer und ein Ausflug hängt auch vom Interesse des Guides seinen Gästen gegenüber ab. Trotzdem ein toller Tag. Und dass was wir gesehen haben, hätten wir ohne diesen Ausflug nicht gesehen. Ich überlege, wie es wäre, wenn wir im Sommer hierher gekommen wären. Es ist jetzt schon ziemlich voll.

Ein paar Minuten über das Wasser ein stop am carpe diem Beach. Eine Insel zum Feiern und tanzen. Zum Partymachen gut geeignet, zum trinken eher weniger, ein 0,25 Bier umgerechnet fast 6 Euro. Das ist schon heftig. Eine Weile verbrachten wir dort. Unser Guide auch, der hatte in der Zeit mindestens 3 Corona. Wie ist das in Croatia eigentlich mit dem Alkohol am Steuer? Mit erneuten 15 min Verspätung geht es weiter. Vollspeed Richtung Split. Ein toller Tag, voller Abenteuer, Erlebnissen und Erfahrungen. Nachtrag: Dadurch, dass wir uns verspätet haben, sahen wir noch einen spektakulären Sonnenuntergang, mit einem Delfin. Alles richtig gemacht.

Zum reinen Badeurlaub ist die Gegend um Split nicht gemacht. Die Strände, besser der Strand kommt unseren Ostseestränden in keiner Weise entgegen. Wenn es keine Steine oder sogar Felsen sind, dann ist es schwarzer oder was noch schlimmer ist, grauer Sand, der in nass nicht toll aussieht. Allerdings macht das Wasser alles wieder wett. Es ist so klar, so klar, als wenn es Unmengen durch Unmengen kleiner Filteranlagen laufen würde.

Es ist so klar, weil vermutlich kein Mensch in dieses Wasser uriniert, da dieses mit Sicherheit kilometerweit zu sehen wäre.

Ja, das Thema urinieren ist in den Welterbestätten Split und Hvar ein Thema, welches die Stadtkasse richtig gut füllt. Ebenso das wandeln in den Straßen in Badebekleidung, das Trinken von Alkohol in der Öffentlichkeit. Ich sag mal so, so als Tourist hast du schon gut aufzupassen, dass du nicht gegen diverse Regeln verstößt. Die kurze Badehose kostet mehr Strafe als die lange. Damen im Bikini werden immer gleich bestraft. Ehrlich, ich bin ganz froh, dass es diese Regelungen gibt. Ich mag mir nicht vorstellen, wie unsere Fotos aussehen würden.

Der Tag beginnt mit dem Wochenmarkt, ein Gang darüber, das Obst und Gemüse, die Kleinigkeiten, schön. Die Grenze des Marktes, das war mir gar nicht so bewusst, ist gleich der Diokletianpalast, er grenzt direkt an den Wochenmarkt. Eher andersherum, der Markt grenzt an den Palast. Die Errichtung begann etwa um 300, als Altersruhesitz für den benannten Kaiser. Inzwischen ist die Altstadt in den Palast gebaut, er ist in die Altstadt integriert. Wände stehen, geben den Raum für Wohnungen und Geschäfte, Wände stehen als Mauern und Abgrenzungen. Hochwertige Souvenirgeschäfte, ich überlege noch immer, ob ich mir etwas ganz Besonderes mitbringe, wechseln sich mit Restaurants und Cafés ab. Und über allem thront der Turm, ein sechzig Meter hoher Glockenturm, der bestiegen werden kann. Oben erwartet einen dann ein Ausblick über die Stadt und das Meer. Irgendwie ist das Antike noch immer sichtbar und superintegriert. Obgleich die Reiseführer sagen, dass man schon viel Vorstellungsvermögen benötigt, sich das Leben, um 300 vorzustellen. Finde ich nicht so, da an den beiden Haupteingängen brave römische Soldaten standen. Apropos Soldaten, der Palast soll auch als Lazarett gedient haben und er soll voll unterkellert sein. In den Kellern sollen die Gefangenen gehalten worden sein. Es ist schon schön, sich durch die Gässchen treiben zu lassen.

Ein schönes Erlebnis hatten wir an der Wärmetheke im Sparmarkt. Die Verkäuferin sprach deutsch und wir hatten gut zu lachen. Unser Mittagessen nahmen wir auf der Riva ein, leider kein Schattenplatz, dafür aber ein eiskaltes Limobier.

Unser Zuhause auf Zeit befindet sich mitten in der Stadt, unten haben wir eine Küche und das Bad, um oberen Bereich, der über eine enge

Treppe zu erreichen ist, befinden sich die beiden Schlafzimmer. Beide mit Klimaanlage ausgestattet. Unseren Eingang erreichen wir über eine Steintreppe, deren Stufen den Eindruck hinterlassen, als wenn auch Sie von 300 übrig geblieben sind. Die gesamte Anlage, besser das Anwesen macht den Eindruck, als wenn es schon immer hier steht und immer mal wieder modernisiert wird. Am schönsten ist die Terrasse, wir sitzen mitten zwischen den Häusern und grüßen uns inzwischen mit den "Neubaublockbewohnern".

Falls sich jemand Sorgen um Radieschen macht, heute ist ihr noch nichts passiert. Noch nicht, aber der Tag hat ja noch Potential.

Wenn drei zusammen essen gehen wollen und im Vorfeld nicht ganz klar ist, wo es hingehen soll, dann kann es ein schwieriges unterfangen werden.

Eigentlich war das Restaurant klar, am Rande der Altstadt gelegen, eine hübsche Terrasse.

Als wir losgehen zu eben diesem Restaurant wird es langsam dunkel, der Weg sieht romantisch aus. Im Restaurant ist tatsächlich ein Tisch frei, wir sitzen voller Vorfreude bekommen die Karte, ach hätten wir vorher geschaut. Es war nicht das, worauf ich mich gefreut habe. Den anderen beiden ging es eben so. Wir stehen auf und gehen, gehen in Richtung Palastanlage.

In dem Licht, dem Schummerlicht sieht das alles noch imposanter als am Tage aus. Die Augen können sich nicht sattsehen.

Nur, unser Ziel ist, war ein anderes, ein Restaurantbesuch.

Wenn also drei zusammen, ohne konkretes Ziel essen gehen, wird es schwierig. An jedem gab es etwas zu bemerken, zu bemängeln, zu kritisieren. Zu groß, zu voll, zu leer, zu teuer. Und so zogen wir durch die Gassen, schauten nach Leuten und Restaurants, hörten Livemusik, sahen die Römer erneut und bewunderten die Fassaden.

Nur das Passende fanden wir nicht, erst mal nicht. Denn, auf einmal öffnete sich ein Platz, kleine Tische, hübsche Bänke und eine gewisse Unlust weiter zu suchen ließen uns Platz nehmen.

Eine Flasche Wather with sparkling und eine Flasche Perl Rose mit jeweils drei Gläsern.

Dann die hohe Kunst der Essenauswahl.

Calamari? Schrimps? French Fries? "Was ist Buddabowl?".

Das wurde es dann. Abenteuerlich übersetzt, die Bestellung wurde dann auch noch verwechselt, trotzdem, wirklich trotzdem ein Traumessen.

Grünes zeug, Quinoa, Shrimps, Kichererbsen, Tomaten und gegrilltes Gemüse der Saison in eine Schüssel gegeben übergossen von einem Dressing aus Knoblauch, Petersilie und Olivenöl. Ich freue mich aufs Nachmachen.

Wirklich gut, dass wir solange gesucht haben.

Der Gang zurück, wieder eine Wohltat für die Augen und er brachte uns letztendlich auf 10000 Schritte.

Wenn in Split die beiden zugelassenen Kreuzfahrtschiffe einlaufen, dann ist die Stadt geflutet. Touristen übernehmen die Macht.

Unser Tag war anders geplant, ganz anders. Ein weiterer Ausflug über das Meer, mit Halt in der blauen Bucht, mit Badestop und Besuch eines Dorfes. Einen ganzen Tag unterwegs.

Leider hat uns das Wetter unseren schönen Plan zu Nichte gemacht. In der Info sagte die nette Dame, dass alle Fahrten gecancelt wurden. Das Meer sah im ersten Blick nicht so aus. Es war glatt, Klitzekleine kräuselwellen, kaum verständlich, warum alles gecancelt wurde. So lange nicht verständlich, wie der Himmel nicht ins Blickfeld gelangte. Er war dunkel, sehr dunkel. Damit hatten wir unser kurzfristiges Ersatzprogramm, wir wollten mit der Fähre auf eine der Inseln fahren, auf widerrufen. Uns trieb etwas der Schiss, dass wir auf der Insel sitzen, es regnet und wir vielleicht nicht zurückkommen.

Also, was nun. Hochwertige Lebensmittel einkaufen, Käse, Schinken, Baguette, Obst und zurück zur Unterkunft. Wir tafelten. Das Baguette war noch heiß, außen extra kross, innen weich mit einem großartigem Geschmack, mit dem Käse und den Weintrauben ein Gedicht.

Ein Päuschen, wie an Regentagen üblich, mit Augen zu, rundete den Vormittag ab. Der geplante Gang in die Stadt, durch die Keller und Gassen, schauen nach Souvenirs und Leuten erfolgte nach dem Ausruhen.

Am Glockenturm wartete ich auf Mariechen und Radieschen, die zwei sind tatsächlich ausdauernd, was das schauen, sehen, fühlen und sogar schmecken betrifft. Ich saß also so auf der Treppe und schaute mich um. Diverse Nationalitäten, diverse Sprachen, diverse Körperformen. Es gab Menschen, die sahen aus wie Waldbewohner, welche wie Teddys, junge Familien mit Kindern und viele Senioren. Eigenartigerweise wenig in Seniorenbeige gekleidet, ich habe eine richtige Seniorenbeigesperre. Sitze also so und bekomme auf einmal eine volle Portion Zigarettenqualm in die Nase. Der Typ neben mir rauchte, der Wind trieb den Qualm in meine Richtung. Und das schlimmste war, es roch wie Juwel 72, eine Zigarette, die es in meiner Kindheit gab und die mir damals schon stank. Jedenfalls habe ich ihn ausgeschimpft, der erste Versuch auf Englisch, rudimentärstes Englisch. Er schaute mich an und fragte mich, ob ich deutsch spreche. Darauf hab ich erst mal auf Deutsch weiter geschimpft. Wir haben uns dann geeinigt, dass wir die Plätze tauschen, sollte es noch mal sein. Er war so nett, entschuldigte sich und wir kamen ins Gespräch. Natürlich über die Stadt, über die Kreuzfahrtschiffe und über den Kaiser. Er selber hat in Berlin studiert und möchte gern dort hin zurückkehren. Es war wirklich nett.

Dem Glockenturm zolle ich Respekt. 60 Meter in die Höhe ist schon eine Herausforderung. Mariechen nimmt sich dieser an. Vor dem Glockenturm steht eine Art Viadukt, die roten Säulen kommen aus Ägypten, die hellen aus Rom und an der Seite befindet sich eine Swinx, die ist bereits 2800 Jahre alt. Allerdings fehlt dieser die Nase und das kam so. Irgendwann war der Glockenturm sehr Marode und es fiel ein Mauerstück runter und dieses fiel gerade auf den Kopf der Swinx. Kopf gespalten, Nase ab. Der Kopf wurde geklebt, die Nase ist für immer verloren. Gut, dass es nur die Swinx getroffen hat. Eine weitere Runde durch die Stadt, eine Pause mit Aperolspritz und Lemonspritz. Die Sonne scheint auf den Kopf und dann. Der Selbige tut weh. Warum haben Mariechen und Radieschen damit kein Problem? Die beiden sind dann noch die Yachten der Reichen und Schönen anschauen gegangen. Eine Weiße hat wohl sogar einen Basketballkorb unglaublich.

Zurück in die Stadt, erneut schauen und schauen und schauen. Langsam verlassen die Gruppen der Kreuzfahrtschiffe die Plätze. Und wir, wir bekommen Livemusik. Oh happy day, oh happy day. So ganz ist der Tag ja noch nicht vorbei, Darkyssen in der Wohnung, all die guten Sachen vom Morgen kommen wieder auf den Tisch, dazu ein Rose Wein, irgendwie haben wir uns darauf eingeschossen, aber so ist der Kompromiss bei Rot- und Weißweintrinkern. Zwei Katzen haben uns heute beeindruckt, eine, die am Hafen auf den Verkaufsständen saß, so selbstverständlich, als wenn sie zum Personal gehört, sie kommunizierte mit den Kunden auf katzisch und die andere, die superentspannt in dem kleinen Atelier auf dem Boden lag und sich von den Leuten nicht beeindrucken ließ. Atelier, ich sag mal so, ich ging mit Geld rein und kam ohne raus. Allerdings mit einer gefüllten Plastetüte. Plastetüte, die Dame entschuldigte sich tatsächlich deshalb.

Da ist er dann der letzte Tag, der lost Day in Kroatien. Wir verlassen unsere Wohnung auf Zeit fast so ordentlich, wie wir es vorgefunden haben. Gut, dass ich das Bett noch mal von der Wand abgerückt habe. Unglaublich, was dort lag, mein Ausweis, ich wäre nicht mehr aus dem Land gekommen. Mein Gott, ich darf nicht daran denken. Aber nichts ist passiert, ich hab ihn ja rechtzeitig gesehen.

Das Packen ging schneller als vor dem Urlaub. Wir hatten alle unglaublich viel Zeit. Radieschen saß im Wind, der wirklich kalt war auf der Terrasse. Mariechen lief zum Stadtstrand, um noch ein paar Minuten Abschied zu nehmen und ich, ich lief und saß die ganze Zeit im Schlafanzug rum und habe gelesen. Irgendwann dann duschen und dann war die Zeit vorbei. Wohnung verlassen.

Wir hatten uns die Tage vorher schon ein Frühstücksrestaurant ausgeschaut und in diesem Fall kannten wir die Karte und hatten das Frühstück schon ausgesucht. Das Frühstück Diana, ein Kaffee und ein Wasser dazu. Essen, reden, chillen, lesen und auf die Uhr achten.

Ein paar Kapitel in meinem Kriminalroman kam ich weiter, die Kommissare und ich nähern uns dem Täter, ich vermute eher der Täterin an.

Nach dem Frühstück der Transport zum Flughafen Split. Organisiert ja wieder von dem Vermieter, der dann nicht unser Vermieter wurde. Ein hin und her, sind wir die richtigen Fahrgäste oder nicht. Der Fahrer dachte, er solle 2 holen, wir sind 3. Aber außer uns standen weiter keine anderen reisewilligen Menschen. Also waren wir es doch. Er fuhr zwar mit uns los. War sich seiner Sache nicht sicher, telefonierte erst mit Yussip, dann mit Toni. Bekam dann einen Anruf und kam vor lauter Schreck nicht mit dem Handy klar. Drückt es Mariechen in die Hand und der Anruf war weg. Kurz danach erneutes klingeln. Erst spricht er, dann drückt er es wieder Mariechen in die Hand. Es ist alles ok und der Fahrer weiß auch, dass wir zum Flughafen wollen. Aufatmendes Lachen im Auto. Ab jetzt können wir die Fahrt genießen, Weintrauben und Granatäpfel sind reif und hängen an den Zäunen. Immer mal wieder ist das Meer zu sehen und da ist er dann auch der Flughafen. Die Verabschiedung vom Fahrer wortreich, obwohl keiner den anderen versteht. Check-in einfach und komplikationslos.

Man kann an allen Schaltern einchecken und Gepäck aufgeben, ohne Stress.
Und nun haben wir Zeit ohne Ende und sitzen in der Sonne.
Wer weiß, wann es wieder so sein wird.

Und nun, wir sind in der Luft, Wartezeit und Boarding vergingen ziemlich schnell. Überhaupt ist der Flughafen recht entspannt. Es geht alles gut voran, das Personal ist freundlich. Wir durften über das Rollfeld laufen. Es ist ein gutes Gefühl. Unser Flugzeug ein Airbus A321, genug Platz zum Sitzen, das bedeutet, meine Knie stoßen nicht am Vordersitz an. Die Fluglinie aus Österreich teilt Snacks und sogar österreichischen Wein aus. Beim Einstieg spielt Walzer. Wir werden auf die deutsche Sprache eingestimmt.
Auf dem Hinflug saß ich am Gang, jetzt am Fenster.
Es war schön, noch einmal die Stadt Split aus der Höhe zu sehen, die Altstadt, der Glockenturm und die Hafenanlage sind gut zu erkennen. Ich bilde mir sogar ein, die kleine, unsere kleine Bucht gesehen zu haben.
Die Flugzeit bis Wien beträgt 55 Minuten, wir haben dort, wenn wir denn pünktlich wären, eine

Stunde zum Umsteigen. Warum sollte das nicht funktionieren?

Die Dame vor mir versucht, ihren Sitz in Schräglage zu bringen, auf der Suche nach der Umstellmöglichkeit hat sie mein Knie angefasst. Komisches Gefühl, wenn von vorn eine Hand kommt. Ich hoffe nur, dass sie Ruhe gibt und akzeptiert, dass die Lehne senkrecht bleibt.

Mit den Getränken ist so eine Sache, Tomatensaft und Wein geht wohl nicht. Vermutlich bekomme ich vom Wein auch wieder Kopfschmerzen, also besser keinen Wein obwohl.

Ich lasse es besser.

Die Dame vor mir nahm gar nichts, hoffentlich ist sie nicht krank.

So im Flugzeug ist man ja für Keime besonders anfällig.

Ich muss schon niesen.

Tomatensaft, Snack etwas lesen und schon sind wir im Landeanflug auf Wien. So schnell.

Radieschen und Mariechen halten Hände und sich selber tapfer. Wir fliegen schräg und die Welt dort unten sieht wie ein Flickenteppich aus. Grün, Braun, Beige durchzogen von Hellgrau und manchmal auch Blau. Siedlungen mit roten Ziegeldächern vervollkommnen dieses Bild. Wir befinden uns schon unter den Wolken und sinken stetig weiter. Leichter Druck auf den

Ohren und wir merken, wie die Räder ausgefahren werden.

Gelände, leider nicht den Prater oder die Donau, gesehen. Radieschen und Mariechen konnten ihre Hände lösen. Es hat geknackt, ich hoffe, sie haben keine spät Folgen von dem Krampfen.

Wien, da sind wir. Leider nur als Zwischenstopp. Aber als anstrengender Zwischenstopp. Wir sind irgendwo an dem einen Ende des Flughafens angekommen und mussten zum anderen, inklusive Ausweiskontrolle, obwohl aus EU in EU. Komplette Sicherheitskontrolle, mit auspacken und Wasser aus. Ich habs ausgetrunken, hatte aber nicht mehr die Zeit, es wieder wegzubringen. Wir hetzen durch den Flughafen, kein Parfüm kaufen, keine Stulle, kein Wasser, nur rennen.

Leicht durchgeschwitzt dann am Gate angekommen. Es gab auch hier eine Toilette, was für ein Glück.

Hier in Wien mussten wir mit dem Bus zum nächsten Flugzeug fahren. Vorbei an diversen Maschinen. Auch welche mit Propeller. Man konnte Radieschen und Mariechen direkt ansehen, wie das Herz klopfte und dasselbe in die Hose rutschte. Ich war am Feiern, innerlich. Äußerlich war ich natürlich besorgt.

Unser Bus fährt weiter und hält an einer EMBRAER E95. Eine Maschine, die statt der dreier Reihen nur zwei Plätze nebeneinander hat. Wer sitzt allein? Ja, wer wohl.

Ich hoffe auf den nächsten Snack, es gab eben Laugenherzen und auf den Tomatensaft. Einen Wein werde ich wohl bei einer Flugzeit von 1,05 h nicht mehr schaffen. Oder doch?

Sind die Plätze an den Tragflächen eigentlich die sichersten im Flugzeug? Das muss ich tatsächlich mal eruieren.

Und was ich noch machen muss. Den den Mörder fangen, obgleich ich ja auf eine Mörderin tippe. Vermutlich die Frau vom. Ach ich schreibe es besser nicht, ich will ja nicht spoilern, falls ich recht habe.

Radieschen und Mariechen haben beim vierten Start zwar Hände gehalten, aber nicht mehr so schlimm.

So langsam wird es was mit den beiden. Allerdings kann ich das Foto, was ich beim Start gemacht habe auf keinen Fall veröffentlichen, auf keinen Fall.

Inzwischen gab es den Snack, wir könnten zwischen Waffeln und Herzen auswählen. Da ich mich ja für den Tomatensaft entschieden hatte, passten die Laugenherzen besser. So ein Tomatensaft in der Luft ist immer wieder ein Geschmackserlebnis.

Der Pilot vermeldet, dass wir inzwischen in den deutschen Luftraum eingeflogen sind. Er verweist auf Dresden unter uns und beginnt den Landeanflug auf Berlin. Das ist schon noch eine Ecke.

Und wir sind unter Wolken, grau, Herbst ist das Berlin? Es ist Berlin. Und was macht Berlin, es schenkt uns einen phänomenalen Sonnenuntergang. Danke Berlin.

Nachlese

So eine Woche geht so schnell vorbei. Radieschen, Mariechen und Frau Berger waren zusammen unterwegs. Was hat dir am besten gefallen? Die Sonne und das Wasser, der Bootsausflug, wo wirklich beides in Kombination vorhanden war. Noch schöner wäre es sicher gewesen, wenn wir mit einem Segelboot unterwegs gewesen wären. Ich stelle mir die Ruhe dazu vor. Der Besuch der Insel Vis, dieses 50 iger Jahre Flair. Die Insel war für Ausländer bis in die Wendezeit verboten. Es lebten nur noch ein paar Fischer und Weinbauern dort, denn die Insel war militärisches Sperrgebiet. Sicher hat auch das zum Erhalt beigetragen. Toll wirklich toll war der Aufenthalt aus dem Gelände des Palastes in Split. Einfach, "abhängen" auf und in dem dem 1800 Jahre alten Gemäuer. Ohne festes Ziel Streifen und einfach finden. Das kann man immer wieder gut machen. Würdest du Kroatien empfehlen? Auf jeden Fall. Nur, wer einen Badeurlaub priorisiert ist nicht ganz richtig. Wir haben kristallklares Wasser, aber die Strände sind, ich sag mal so, sehr gewöhnungsbedürftig.

Die Kroaten scheinen ziemlich fit zu sein, das liegt an der mediterranen Küche, mein bestes Essen war tatsächlich die Buddabowl, gleich gefolgt von dem warmen Baguette. Ich freue mich schon sehr auf das Nachmachen. Offen war noch die Frage, welche Plätze die sichersten im Flugzeug sind? Das Internet hat eine Mortalitätsrate errechnet, die auf den hintersten Plätzen geringer ist, als vorn. Die Tragflächenplätze haben die höchste Rate.

In Split ist das Leben in etwa so teuer wie in Deutschland. Ich vermute, das wird in allen küstennahen Orten so sein.

Ein schönes Land, tolle Landschaft und noch viele offene Erlebnisse, die dort auf mich warten. Kroatien, ich komme noch mal wieder.

Fuerteventura

Jennifer, Jennifer, das kann jetzt nicht wahr sein. Jennifer, Mitte zwanzig steht mit zwei Damen meines Alters am Check-in. Jennifer.

Jennifer checkt aus unserer Reihe aus, nachdem sie hektisch, wirklich richtig hektisch im Portemonnaie gekramt hat. Sie wurde blass und rannte los. Die beiden Damen ließen mich vor, obgleich sie auch noch im Koffer zu kramen hatten.

Leider habe ich nicht mitbekommen, was Jennifer vergessen hat. Ich kann nur vermuten, dass es ihr Ausweis war. Irgendwie muss es so etwas sein. Auf jeden Fall war es so wichtig, dass sie tatsächlich losmusste. Es scheinen Immermal Menschen ihre Ausweispapiere zu vergessen. An den Berliner Flughäfen soll es ja die Möglichkeit geben, sich Ersatzpapiere ausstellen zu lassen.

In unserem Flieger sind Plätze frei, weder Jennifer noch die beiden Damen habe ich noch einmal sehen können.

Ansonsten ist der Flieger gut ausgelastet, Menschen aller Altersklassen, Paare, Pärchen, Eltern, alles. Und neben uns ein Paar, welches immer mal wieder zusammen ist und immer mal nicht.

Leider habe ich die Geschichte nur aus zweiter Hand, weil, ja weil ich ziemlich gut geschlafen habe. Dadurch sind die knappen 5 Stunden Flug nach Fuerteventura für mich ziemlich gekürzt. Fensterplatz und den Flug fast verschlafen, ist schon gemein.

Die Landung und ich fange an zu schwitzen, in Berlin waren es 5 Grad beim Abflug. Beim Anflug auf Rosario waren es dann 25 Grad mehr. Und ich. In Boots und Weste. Der Schweiß lief und ich stank, gefühlt, stinken und kleben. Und das wird noch eine Weile so bleiben.

Aus dem Flughafen heraus ging es wieder in die Stadt Rosario. Erst gibt es, nach einem kleinen Einkauf und zwei Kaffee Con-Leche die Fischsuppe, Fischsuppe in einem einfachen Restaurant am Meer, besser auf der Terrasse am Meer, erste Reihe, das Meer anschauen und diese kleine Köstlichkeit, Fisch, Meeresfrüchte, Gambas in Suppe mit Reis und Kartoffelstücken, gut gewürzt. Ein bisschen wie eine verlängerte Paella, vielleicht, wir werden es noch mal testen. Mit dem Essen waren wir dann angekommen, so richtig angekommen auf der Insel.

Zwischendurch hatte ich die Schuhe gewechselt, Boots gegen, was soll es anders sein, Flip-Flops, die schönen, die schöne Form, ich sag mal soviel, ich habe zuhause noch ein identisches Paar zu stehen, einen in Silber und einen in Braun. Echt hübsch. Und eigentlich ist es auch egal mit den Schuhen. Urlaub 2019. Noch einmal. Und im Meer war ich dann auch noch, alleine, ich und die Wellen und das Wasser, warm und weich und schön. Und das Ende Oktober, morgens 5 Grad in Berlin und abends im Atlantik baden. Was für ein schönes Leben.

Mir ist es noch nicht langweilig. Strand, Wasser, Wellen, Buch und etwas schlafen in der Sonne. Mal ein paar Schritte zur Cafébar und dann ein paar Schritte zurück. Lesen, Wellen, Stulle, schlafen und nein, mir ist es nicht langweilig, Sonne tanken und umso mehr, da ich Frostbilder von zu Hause sehe. Mir ist es wirklich nicht langweilig.

Der Strand breit, Ebbe, glatt, gut durchfeuchtet. Wir bleiben auf jeden Fall im Zuckersandteil. Der

Weg zum Meer ist dann erstmal sehr lang, wird sich aber im Laufe des Tages noch verkürzen, gute Entscheidung, der Zuckersand. Sehr gute Entscheidung.

Die Menschen am Strand, es sind tatsächlich einige da, sind schon recht sehenswert. Ein älterer Herr mit Bauch, weißer Haut und einer roten Stringtangabadehose, unglaublich sah das aus, wurde nur noch von zwei Damen, die der Freikörperkultur frönten. Wohlbemerkt unser Strandabschnitt ist ein Textilstrand, an dem große Schilder darauf hinweisen. Also, die zwei Damen toppen tatsächlich den roten String. Sie toppten es insofern, dass die Körper der Damen wirklich schrien "zieh mir was über, ich seh so schei... aus, aber so richtig".

Ich weiß, ich sehe auch nicht so prickelnd aus, die gemeinen Kalorien und die Schwerkraft hat ein übriges getan, aber ich bin angezogen am Textilstrand. Ja, der Anblick war das heutige Top Erlebnis. Da geht mir dann auch die Toleranz abhanden.

Und wenn ich schon mal am erzählen über Leute bin, dann fällt mir ein sehr auffälliger Mensch.

Gestern, Parkplatz eines Supermarktes, laute klassische Musik, wo kommt die her, feiert der Markt ein Fest? Gibt es Pröbchen? Kein Fest, keine Proben. Ein Mann, so ein bisschen Typ,

Surferboy, blonde zerzauste Haare, Beach Look mit einer Beat Box, aus der die Klänge klingen, laut, lauter am lautesten. Begleitet, besser performend von dem Typen. Wir Kunden im Markt konnten unsere Blicke nicht lassen. Einige filmten und fotografierten ihn. Andere, die ganz Genauen wiesen darauf hin, dass es sich nicht gehört, irgendwie begleitete er uns den ganzen Einkauf. Ich vermutete ja, dass er nicht von hier ist. Ist er aber, zumindest sein Auto, wir begleiteten ihn bis zum Parkplatz. Irre. An den kamen dann die Leute von heute nicht heran.

Ja und nun, nun ist der Strandtag zu Ende. Und es ist noch hell und es ist noch warm und ich, ich freue mich schon auf morgen.

So, nun haste ja auch mal was über mich zu erzählen, nach der Fahrt kannste mich ja wohl mal erwähnen.

Recht hat se.

Olivia, Darky und ich machen einen Ausflug. Es ist noch warm, nur bereits dunkel, so dunkel, dass Menschen, die nachtblind sind, besser nicht Auto fahren sollten. Olivia ist nachtblind. Behauptet sie zumindest. Trotzdem führte sie unser Auto. Darky, als Beifahrerin und nautischer Beistand und ich auf der Rücksitzbank. Die

Fahrt war, ich benenne es mal positiv, also, die Fahrt war abenteuerlich. Darky war in ihrer Rolle ganz gut, schrie rechtzeitig, damit Olivia in die Richtung lenkte, die die Straße anzeigte, ich meine, die die Straße führte. Hut ab, Olivia bekam es immer wieder rechtzeitig hin. Wir kamen am gewünschten Ziel an. Olivia war völlig fertig und ich hatte nur ein bisschen Angst, ein kleines bisschen. Im Restaurant angekommen, es war kein Platz draußen frei und wir wollten doch so gern, so sehr gern Ende Oktober im Freien essen und trinken. Ging erst mal nicht. Also platzierten wir uns Inhäusig, was tatsächlich gut war, denn alle Leute, die nach uns kamen, mussten warten und warteten gern. Unglaublich, später werden wir feststellen, dass wir vermutlich das beliebteste Restaurant in Morro Jable. La Puntilla. Aber erst mal saßen wir noch drin. Gaben die Bestellung auf.

Olivia und ich teilten uns einen Rosé, damit war die Rückfahrt geklärt. Darky hatte gewonnen.

Tags über hatten wir etwa 1000 Kalorien verbrannt, abends, am Abend, in der Nacht werden wir einen Überschuss von bestimmt 1000000 Kalorien haben. Unglaublich, ein Dinner begann. Warme Brötchen mit drei verschiedenen Soßen, alle sehr knoblauchlastig. Knoblauchbrot, Garnelen in Knoblauchöl, eine Fischplatte und dann sagte tatsächlich noch jemand Postre, Dessert, Nachtisch. Der ganze Satz ging so. "Hat jemand von euch den Nachtisch Teil angeschaut?" Hatte natürlich keiner. Aber der Kellner hatte die Nachtische im Kopf. Er zählte drei Verschiedene auf. Wir bestellten alle, kleine Törtchen, Fette und Kohlenhydrate in Perfektion vereint.

Und als ob das noch nicht ausreichte, gab es Barraqueto dazu, wir Kenner lieben dieses Getränk. Serviert in einem der üblichen Kaffeegläser, eine Schicht süße Milch, darauf Kaffee, Milchschaum, Likör 43, Milchschaum, Kaffee, Milch und noch mal Schaum und als Topping Zimt. Unglaublich lecker, unglaublich süß, unglaublich alkoholisch. Das war es dann noch immer nicht, wir baten um die Rechnung und der Kellner bot uns einen Likör an. Natürlich haben wir ihn genommen, ein dreifacher Ramazotti auf Eis.

Heute früh war uns schlecht. Kann man eigentlich eine Knoblauchvergiftung bekommen?

Ein Bild, eins im Profil, eine einsame Palme, ein auf dem Bauch liegender Mond brachte eine Frage "Wo bist du denn?" Fuerteventura, meine kurze Antwort unglaublich, da sind wir auch, wirklich unglaublich, da schafft man es nicht, sich in Deutschland zu treffen und hier auf der Insel dann. Eine Kurfreundin, die sich mit ihrem Mann hier erholt, 14 km von unserem Strand entfernt meinte, dass sie dann mal in unsere Richtung laufen müsste. 14 Kilometer durch Sand und Wasser, durch über Klippen und mit Badestopps um sich dann am Ende der Tour mit mir auf einen Kaffee zu treffen, eine Stunde zu plaudern, über Bekannte, natürlich Kurbekannte zu reden und vor allem uns zu freuen, dass es uns gut geht. Eine Stunde, kein fremdeln, keine fehlenden Gesprächsthemen, einfach eine über- raschend gute, wenn auch kurze Zeit. Beendet mit dem Versprechen uns zu treffen. Bei uns zuhause oder wieder irgendwo auf der Welt. Als abzusehen war, dass sie sie langsam an der Costa Calma ankommen, hatte ich die Idee ihnen entgegenzugehen, Schuhe, Basecap und die neue Sonnenbrille und los ging es. Ich mag es wirklich gern über die Klippen zu klettern, am Wasser entlang zu gehen, Leute zu schauen. Nach Streifenhörnchen Ausschau zu halten und kleinen Krabben. Allerdings war das Ziel ja, der Kurfreundin entgegenzugehen. Also, den Leuten ins Gesicht schauen, Ausschau halten. Nur nicht am FKK Strand, das ist mir peinlich. Kurz, ich fand sie nicht. Sie fanden mich nach meiner

Rückkehr im Café, nachdem sie dann tatsächlich meine Liege an Hand des Fotos erkannten. Eine wirklich schöne Zeit. So ein Leben am Strand ist nach wie vor toll. Vor und nach dem Treffen ging es in die Wellen. Sie nötigen heute Respekt ab. Ich sag nur Untersog. Darky und ich stehen am Ufer schauen uns an und stellen fest, wir haben keinen Respekt, wir haben Angst. Überwinden diese und stürzen uns dann doch in die Fluten, wir waren sehr mutig, richtig mutig. Und heute Abend. Wir werden den spektakulären Sonnen-untergang erleben. Hoffentlich.

Unser Mietwagen hatte ein Problem, eins, das im November eigentlich vollkommen egal ist, im November in Deutschland. Hier stellt es sich tatsächlich als mittleres Problem heraus. Es fehlt die Klimaanlage. Kaum zu glauben, dass die fehlende Klimaanlage echt Stress macht. Stress insofern, dass beim Fahren immer mal wieder das Fenster auf gemacht werden musste und ich vielleicht Zug bekommen habe, vielleicht aber auch keinen Zug, sondern ich hab mich am Strand verkühlt. Es ist schon blöd, so mitten im Sommer einen Schnupfen ab zu fassen, einen von den Ekligen, so einen, wo die Nase anfängt zu laufen und du nicht hinterherkommst zu wischen. So einen habe ich abbekommen. Allerdings wollte ich davon nicht berichten, sondern von der fehlenden, besser nicht funktionierenden Klimaanlage. Also sie ging nicht. So war unser heutiger Plan, auf nach Rosario zum Flughafen und Auto tauschen. Statt des kramelbraunen Cactus fahren wir Cactussen jetzt einen weißen. Mit Radio und Klima und einer Bluetoothverbindung von meinem Handy zur Musik. Nur, dass die anderen beiden Cactussen meinen Musikgeschmack nicht teilen. Schade eigentlich. Mit dem neuen Auto ging es ab zum Einkaufen, ein Discounter, welchen es auf der ganzen Welt gibt, mit einem Angebot, welches der Region angepasst ist, war der erste Stopp. Ich sag nur voll, so voll, dass es am Ende keine Einkaufswagen mehr gab. Ein weiterer Stopp in einem Laden für Kleinmöbel und Dekosch ...

Ein Ruf "Denke an deine Kofferkilo" ich hab die ganze Zeit daran gedacht und mich nicht getraut, überhaupt etwas zu kaufen. Aber verliebt bin ich schon in ein hübsches Teil. Dienstag vielleicht, wenn der Rest der Herde anreist, vielleicht wird es dann meiner, nur, nur hoffentlich ist er dann noch da. Um zehn macht der Laden auf.

Dann ging es in den nächsten Lebensmittelmarkt. Altbewährte Artikel und auch ein paar neue, selbstverständlich immer unter dem

Kofferblick. Der Kofferraum war voll. Voller Lebensmittel, die wir auch brauchen. Große Ereignisse werfen ihre Schatten voraus, so wie die Palmen gerade hier am Strand. Ich sitze tatsächlich am Strand, nach einem ausgiebigen Baden in den Wellen und schreibe, irre schön, die Sonne von vorn und hinter mir das Rauschen des Meeres. Ein Rauschen, was mich auch nachts begleitet. Ich höre das Meer.

Nach den Einkäufen hatten wir einen Essenstopp, dort, wo es die Fischsuppe gibt, wo der Blick von der Terrasse aufs Meer geht und wo wir wieder den Tisch in der ersten Reihe hatten, obgleich es voll, gut besucht war. Die Bestellung war einfach, mein gegrillter Calamari, wurde vergessen. Ehrlich, ich war froh. Ich war schon von der Fischsuppe und dem Kaffee Leche-Leche satt. Ich wünsche mir, dort noch mal einkehren zu dürfen. Das Meer, den steinigen schwarzen Strand zu sehen und die Fischsuppe zu essen. (Darky und Olivia ich hoffe, ihr habt das gelesen). Es ist einfach toll mit euch. Und zum Abschluss noch ein Rückblick auf den Sonnenuntergang von gestern Abend, er war großartig, er war spektakulär und er war nach gefühlten 10 Minuten beendet und weitere 10 Minuten später war es richtig dunkel, fast schwarz. Himmel, Mond, Sterne. Schön

Das Karma packt jeden, so einfach kann man den gestrigen Abend zusammen fassen. Nach einer ausgiebigen Strandzeit trafen wir uns auf der Terrasse, ich, das muss ich ehrlich zugeben, hing durch. Darky machte ein Foto und verschickte es an meine Familie. Und dann schlug es zu, dass Karma. Genau in diesem Augenblick, als das Foto sich auf den Weg in die weite Welt machte, passierte es, sie fing an zu niesen. Ein hatschi und noch eins und ein weiteres. Ich sag nur Karma. Olivia sagte immer wieder, kommt mir nicht zu nahe, ihr verseuchten, verstehe ich, sie will ihre Zeit vor den … Ach nee, das will ich ja nicht erwähnen, also sie möchte gern fit sein und bleiben.

Heute Morgen gab es auswärtiges Frühstück, wir waren auf dem Bauernmarkt am Oasis-Park. Frisches Obst und Gemüse, Fleisch und Backwaren, liebenswerte Kleinigkeiten, Gewürze und eben die Möglichkeit, ein echtes spanisches Winterfrühstück zu bekommen. Churos mit einer dicken Schokopampe. So lecker, so sättigend, so ungesund. Ein Genuss.

Am Strand dann ging das große Schnupfenbekämpfungsprogramm los. Es ist ganz einfach und geht schnell. Ab ins Meer, Handfläche mit

Wasser füllen und hochziehen, das Gesicht von Darky, unbezahlbar. Das nach dem gurgeln noch mehr.

Wir hatten Spaß, aber es hilft tatsächlich, nur kann ich bei jedem Schnupfen ans Meer?

Eine Überraschung im Supermarkt, die Halloweendeko ist abgebaut, dafür stehen die Weihnachtsmänner in Reihe und Glied auf dem Kassentisch und Schwitzen bei 27 Grad in ihren roten Mänteln. Ein spanischer Junge hat sich einem erbarmt, ihn gekauft, den Mantel ausgezogen und ganz schnell gegessen. Das musste er auch, denn er war am Wegschmelzen. Diese kleinen Schweißtropfen auf der braunen Schokolade. Armer Weihnachtsmann.

Und unser heutiger abendlicher Plan. Fischsuppe, danke Darky und Olivia, ich freue mich schon auf den Blick aufs dunkle Meer.

Wie schön ist das Meer. Heute Morgen war die Welt um mich herum nass. Es hat tatsächlich geregnet. Trotzdem ist es irgendwie schön. Regen bei 23 Grad ist absolut in Ordnung. Eigentlich nicht, aber ich kann es mir nicht aussuchen, also ist der Regen in Ordnung.

Den Regen gab es gestern Abend nicht. Ich durfte tatsächlich noch mal meine Fischsuppe haben. Es ist eine verdünnte Paella, schmackhaft, cremig gute Einlagen. Vermutlich kann ich sie nachkochen. Vermutlich. Als Hauptgericht gab es Tortilla, da muss ich Abstriche in der B-Note machen. Wenn eine Tortilla ein einfaches Kartoffelomlette ist, dann war es das auch, nicht mehr und nicht weniger, es ist kein besonderes kulinarisches Erlebnis gewesen. Es war etwas, was ich selber auch kann. Ich will nicht meckern, es war eine Tortilla eben. Toll, unbeschreiblich ist der Ort selbst, die Zeit, die wir dort verbracht haben. Der Moment, wenn es von hell über Zwielicht ins dunkel wechselt. Dieses Farbenspiel am Himmel, das spiegeln dessen im Wasser. Diese glitzernden Streifen. Ja und dann, am Morgen ein Regen. Deshalb war es auch nicht weiter tragisch, dass ich den, für mich fest Eingeplanten, Sonnenaufgang verschlafen habe. Nicht mal schade, also schade schon insofern, dass dieser zwar stattfand, aber nicht zu sehen war. Er hat sich vermutlich mir angepasst. Einen kleinen Ausflug am Vormittag, zum Supermarkt mit dem vermutlich schönsten Blick, ein Supermarkt mit Meerblick. Der Markt selber, breite Gänge, tolle Präsentation und tolle Preise und natürlich ein tolles Angebot. Neben vielen kleinen Köstlichkeiten, die wirklich schön anzuschauen waren, besser sind und natürlich auch großartig schmecken werden.

Wasser in pinken Flaschen. Wie toll ist das denn? Extra Abfüllung zur Unterstützung des Kampfes gegen Brustkrebs. Da nimmt man diese doch gern mit. Gern auch mit an den Strand. Obwohl es tatsächlich kein Strandwetter ist. Darky und Olivia haben zu tun, ich sag nur Schatten, und der Strand lädt nicht wirklich zum Verweilen ein. Nur selten kann sich die Sonne durchsetzen, dann wärmt sie auch, der Wind pustet schon ordentlich, allerdings der Sand selber ist warm, was ich vom Wasser nicht gerade behaupten kann. Dennoch, es muss sein, leicht fröstelnd, jeden Sonnenstrahl erwarten, sitze ich auf der Liege am Meer im Sand und genieße, genieße die Wellen, die Geräusche, die wenigen Sonnenstrahlen und freue mich über den Tag.

Und der Schnupfen ist auch weg, wie schön.

Dreh dich nicht um, hatschi, hatschi, der schnupfen der geht um, er greift und beißt und ärgert dich. Jetzt ist er bei Olivia angekommen. Er, der schnupfen. So richtig festgesetzt bei Darky, aber so richtig, mit bösem Husten, der schon beim

Zuhören weh tut. Der Husten, der so richtig aus den Tiefen der Lunge kommt. Es tut mir so leid.

Um das Ganze zu lindern, gab es einen abendlichen Ausflug. Einen Ausflug in die beste Apotheke der Umgegend. Gran Tarajalejo war unser Ziel. Diverse Mittelchen standen auf dem Zettel. Die Apothekerin sprach deutsch und empfahl ein Lösungsmittel, welches direkt in der Apotheke eingenommen wurde.

Danach ging es Darky von einer Scala bis hundert nur noch 90 oder 85 schlecht. Käffchen und Zigarettchen gingen wieder. Olivia holte sich das Granulat vorsorglich. Und ich, ich brauchte es nicht mehr. Die Seuche eingeschleppt und nun noch finanzielle Vorteile.

Zurück gab es erst mal einen Tee. Ich wollte so gern einen Schlaftee haben, es war keiner da. Dafür habe ich einen Mate mit Guarana gefunden. "Den hole ich mir auch immer" sage ich noch. "Das ist deiner, vom letzten Mal."

"Dann trinke ich den Morgen früh".

Mache ihn auf, Verpackung, und, der ganze Schlaftee vom letzten Mal ist darin. Nun weiß ich ja, was ich trinke, oder auch nicht, denn ab heute ist die Familie von Olivia da. Da ist Leben in der Bude und vor allem bleibe ich bis morgen wach. Schatten voraus.

Allerdings habe ich es heute Morgen geschafft in den Sonnenaufgang zu schwimmen, es tröpfelte, dicke Wolken hingen tief über dem Wasser, ein schmaler Streifen blau am Horizont. Gerade soviel, dass die Sonne sich darein schieben konnte. Es war ein Erlebnis, trotz des Tröpfelns. Die Familie, die Herde von Olivia. Wir haben alle von Flughafen abgeholt, Shoppingcenter und Chinamann und dann meine Frage an alle, "Glaubt ihr, dass ihr Lust auf eine Fischsuppe habt?" Ein paar hatten Lust auf essen, ein paar eher zum Laufen und ich. Die letzte und beste Fischsuppe. Unglaublich lecker. Nummer 4 oder 5.

Ja und nun, Strand, etwas frisch, aber traumschön. Wolkenspiel am Himmel, immer mal wieder ein Strahl von der Sonne oder ein kurzer warmer Hauch inmitten des Windes. Das Rauschen im Hintergrund. Einfach schön sitzen auf der von mir reparierten Strandliege und harren der Dinge, die da kommen.

Gute Zeit. Einfach gute Zeit. Gute einfache Zeit.

Da waren sie auf einmal die Ereignisse, das Ereignis, welches die Schatten, die langen Schatten vorausschickte. Es war ein Fest, an dessen Ende …

Der Beginn, geplant ein gemeinsames Abendessen, 12 Personen in einem der beliebtesten Restaurants des Südens der Insel. Es war gut geplant, ein Tisch, an jeder Seite 3 Personen. Der Tisch schön eingedeckt, ein weißes Tafeltuch mit einer, in verschiedenen Cremetönen gehaltenen, gestreiften Überdecke. Gutes Besteck, hübsche Gläser und Servietten. Schön anzublicken. Wirklich schön. Das Problem, wirklich ein Problem ergab sich für uns, dass der Tisch draußen stand. Grundsätzlich ja kein Problem, so am 5. 11., also Anfang November im Freien, auf der Terrasse eines Restaurants zu speisen. Wirklich keins. Nur hatte es vorab geregnet und wir gingen davon aus, dass wir den Tisch im Restaurant erhalten und nicht außerhalb dessen.

Keine Decken, kein Heizstrahler nur eine kleine Bengalenkatze, die die Aufgabe übernommen hatte, alle Gäste abwechselnd zu wärmen, zumindest, deren Herz zu erwärmen. Sie ging von Schoß zu Schoß und ließ sich füttern, schnurrte und war einfach da.

Zwischenzeitlich mussten zwei, wegen der Kälte zurück und sich dicker anziehen. Flip-Flop war nicht das geeignete Schuhwerk des Abends. Das Essen kam, es war ok, der Service ließ etwas zu wünschen übrig. Besonders für die kurzzeitig Abwesenden. Deren Essen kam nach gefühlten zwei Stunden und war dann nicht mehr so gut. Die beiden waren schon recht enttäuscht.

Ja, der Schatten wurde kürzer, der Restaurantbesuch beendet, wir wollten nur noch weg und verzichteten dann auf den Alkohol auf Kosten des Hauses. 12 Leute verteilten sich auf 3 Autos, erst mal 11. Beinahe wurde ich wieder mal vergessen. In Dunkelheit ohne Orientierung. Ich hatte noch mal Glück, es ist aufgefallen. Ich durfte mit.

Zuhause angekommen, saßen die Jugend drin und wir Alten draußen. Ein bisschen wie zu Silvester erwarteten wir die Zeit.

Tara da war es dann, das Ereignis, welches nicht benannt werden darf. Der Raum war ausgeschmückt, aus dem Lautsprecher klang ein Lied, das erste Wort beginnt mit h, das zweite mit b und es ist englisch. Jeder kennt es, wir durften drücken, gute Wünsche aussprechen, auf ein Wohl trinken und freuten uns, zusammen zu sein. Und dann schwächelte der eine und die andere und ich auch.

Ein neuer Morgen, ein neuer Tag, Sonnenaufgang verschlafen leider verschlafen, denn genau zur angegebenen Aufgangszeit der Sonne war ich wach, leider reichte es nicht mehr, diesen grandiosen Sonnenaufgang zu sehen, grandios war er tatsächlich, mir wurden Fotos zugespielt. Der Tag selber eher unspektakulär, unspektakulär, da es für mich ein Strandtag wurde, und unspektakulär, wenn ich einen Strandtag am 6.11. als unspektakulär bezeichnen kann.

Die Vorbereitung für den Abend liefen. Und dann trafen wir uns, es gab unglaublich gutes Essen, Trinken vom feinsten und von allem reichlich. Es gab tolle Gespräche und viel Spaß. Es gab Musik aus dem vorigen Jahrtausend, es gab das traditionelle nächtliche Baden im Atlantik, ein Teil der Gruppe tatsächlich ohne Sachen und es gab den Moment, als ich nicht mehr wusste, wie der Name meines Kindes ausgesprochen wird. Unbezahlbar.

Wenn du das Gefühl hast, es kann ewig so weiter gehen, du aber schon am Morgen mal wieder über die Kofferkilos nachdenken musst. Dann nähert sich das Ende des Urlaubs.

Strand muss erneut unbedingt sein, Strand mit Decke und Jacke, mit umziehen nach jedem Bad, jedem Wellenbad und mit warten auf die Sonne.

Mein Internetanbieter vermutet mal wieder, dass ich bin in Afrika und stellt mir Internet nur gegen hohe Gebühren zur Verfügung. Da mache ich immer noch nicht mit. Also bin ich ohne regelmäßiges Internet, ohne regelmäßigen Zugang in die weite Welt unterwegs. Allgemein betrachtet ist das großartig. Ich kann mich auf meine Umwelt und Umfeld konzentrieren, nur blöd, wenn mir langweilig wird. Ich sag mal so, so richtig langweilig wird es nie, Unterhaltung, Lesen, Leute schauen.

Den einen oder anderen siehst du immer wieder mal am Strand oder an der Cafébar.

Lieblingskaffeegetränk ist Cortado Lago, wobei sich das Lago auf groß bezieht und letztendlich 100 ml Milchkaffee sind. Lieber noch mag ich ja Leche-Leche. Ein Milchkaffee mit supersüßer Kaffeemilch. Das Getränk schmeckt wie flüssige Praline und hat mindestens genau die gleiche Anzahl Kalorien pro Schluck.

Wenn in Abständen die Sonne rauskommt, dann ist es richtig warm, nur kommt sie heute nicht so häufig heraus. Dabei verspricht meine Wetterapp die Sonne ab 15 Uhr.

Gestern war ein gebrauchter Tag, so ein Tag, wie er nach langen Festen üblich ist, lange schlafen, vielleicht die eine oder andere Tablette zur Unterstützung nehmen, den Tag über wenig Aktivität und am Abend. Wir waren Essen. Diesmal war das Essen wirklich großartig. Ich hatte eine Zusammenstellung, welche ich so nicht selbst gemacht hätte. Couscous, wobei dieser wie Perlen war, mit Tomaten, Gurken und Dill, ein paar Salatblättern auf einer Avocadocreme. Unglaublich lecker und wirklich außergewöhnlich. Das Highlightgericht am Tisch, Rippchen. Die Rippchenesser waren gut zufrieden. Und dann war mein gebrauchter Tag zu Ende, die anderen zogen noch um die Häuser, besser um die Bungalows, zum Bungalow von Darky, wo sie den Whirlpool okkupierten. Es soll eine ganze Stunde gedauert haben. Ich lag dort schon lange und hörte das Meeresrauschen, und träumte vom Strand.

Heute Morgen dann wieder ein Sonnenaufgang, diesmal war der Himmel blau und ein Streifen Wolken lag am Horizont, die Sonne ging auf und tauchte den Strand in ein irres, schönes Licht.
Aber es war frisch, so frisch, dass ich nicht ins Wasser gehen konnte.
Später dann, wird der Wind so heftig werden, dass die rote Flagge aufgezogen wird. Rote Flagge, kein Zutritt zum Meer, kein springen in die Fluten, nur anschauen, nicht reingehen. Das hat man hier auch nicht so häufig.
Irgendwann heißt es dann gelb und, ja genau, ein letztes Mal, vielleicht auch nur ein vorletztes Mal

ins Meer, in den Atlantik, in das blaue, wunderschöne Wasser.

Und dann waren da noch die Leute, die Boccia spielten, die sich nichts schenkten und am Ende kein unentschieden gelten lassen wollten oder konnten, irgendwie war da noch eine Wette offen. Vermutlich, ich weiß es nicht genau.

Ich mache dir den Abschied nicht so schwer, sagte die Sonne heute früh zu mir und versteckte sich hinter den Wolken.

Komm zu mir, rauschte das Wasser und lockte mich mit Wellen.

Ich möchte hierbleiben dachte ich, ich möchte mit Sonne und Meer eine weitere Weile verbringen.

Das geht nicht, sagt das Wetter, ich bringe heute Sturm und etwas Regen. Du möchtest nach Hause, sagen die drei. Du musst nach Hause, du sollst nach Hause.

Komm noch mal ins Wasser, komm schnell, du schaffst es noch vor der Abfahrt. "Und dann fliege ich mit einem nassen Tankini." Ach, sagt das Meer, zieh ihn aus und komm rein. Ich zieh ihn aus. Das letzte Mal in den Atlantik in diesem Jahr, vermutlich überhaupt das letzte Mal im Meer in diesem Jahr.

Deshalb genieße ich es, spüre die Kälte nicht und tobe in den Wellen. Extra für dich gemacht.

Das Kind war mit und dann ging auf einmal alles ganz schnell. Die Ansammlung aller Mitreisenden, ein letzter Blick auf die dort Verbleibenden, aufs Haus und aufs Meer. Darky fuhr zum Flughafen und musste mich mitnehmen. Eine Stunde in Richtung Norden, eine Stunde durch die karge Landschaft, vorbei am OasisPark, eine grüne Insel auf der Insel, vorbei an dem Ort, wo es die beste Fischsuppe, Tarajalejo. Wir schaffen keine mehr und außerdem war noch geschlossen. "Wenn du dir hättest aussuchen können, Fischsuppe oder Zeit am Meer, was hättest du denn genommen?" Fragt Darky mich. Meer, ist meine Antwort, ohne zu überlegen, sprudelt es aus mir hinaus. Fischsuppe ist so lecker, aber vermutlich bekomme ich die zuhause auch. Meer nicht. Weiter geht's, vorbei an Schildern mit Namen wie Antigua und Giniginamar. Die Ortsnamen hören sich so lustig an, die Orte selber sind nicht besonders.

Und dann ist der Flughafen in Sichtweite. Wir fahren vorbei an dem kleinen Propellerflugzeug, welches nun schon seit Monaten am Ende des Flughafens steht. Eingezäunt, es wurde aus dem Verkehr gezogen, da es voll mit Drogen landete.

Vorbei an der großen Tafel, welche zeigt, wie alt der Flughafen in diesem Jahr geworden ist. So nebenbei, er ist so alt, wie auch Olivia nun ist. Über ein paar Huckel, über deren Überquerung sich besonders die Blase freut. Bis hin zum Parkplatz, das letzte Stück geht es zu Fuß. Irgendwie sind alle traurig, wir hatten eine gute Zeit, ich hatte eine gute Zeit.

Die Schalterhalle voll. Der Koffer, die Kofferkilo absolut im Blick. 800 Gramm Spielraum gab es noch. Die Sicherheitskontrolle sehr genau. Ich ohne Schuhe und das Kind musste ihn sogar aufmachen, den Koffer.

Darky lief die ganze Zeit neben uns her und gleichzeitig liefen ihr die Tränen, ein bisschen tat sie mir leid, dass sie so alleine auf der Insel bleiben musste. Natürlich nicht, sie wird noch ein paar schöne Tage haben, an den wir uns tatsächlich schon durchfrieren werden. Urlaub 2019. Das war es dann.

Noch nicht ganz, der Flieger gut ausgebucht, kaum, dass wir auf unseren Plätzen saßen, hatte ich Hunger, als wir dann in der Luft waren, ging das Essen los. Vermutlich sind wir keine 100 km geflogen und schon war mein Brot alle. Nun sitze ich satt und zufrieden am Notausgang und schaue mir die Welt von oben an.

Nachlese

Der Flug war ruhig, er war pünktlich, Koffer ließen etwas auf sich warten. Zwei Mal den falschen Koffer vom Band gegriffen. Irgendwann war meiner dann da. So große schwarze Koffer sind schon schnell verwechselbar. Am Ende hatte dann jeder den passenden Koffer.

Der Urlaub in Kurzform:

Keine Anziehsachen gekauft, dafür 200 Teebeutel. Vorrangig die für die Aktivierung der Stoffwechselendprodukte. Falls jemand Bedarf hat, bitte melden. Ich war jeden Tag am Strand und im Wasser. Schupfenatakke erfolgreich in die Flucht geschlagen. 2500 oder sogar noch mehr Seiten gelesen. Überwiegend spielten diese auch auf einer Insel. Allerdings in Deutschland. Viele Sonnenstunden waren zu erleben und ein kleines bisschen Regen.
Die Fischsuppe insgesamt 5 Stück und Calamari hatten es mir beim Essengehen angetan. Nicht zu vergessen, die Gambas in Knoblauchöl. Darin befanden sich auch Chillies und eine davon kam in meinen Körper. Ich habs überlebt, nach minutenlangem Schlucken, sehr zur Freude der anderen am Tisch. Eine gekochte Kartoffel

brachte die Rettung. Allerdings konnte ich selbst am nächsten Tag nichts essen, was annähernd einer Paprika gleich kam.

Gezählt habe ich nicht die Cortados und Leche-Leche, diese ausgesprochen leckeren Kaffeeheißgetränke. Im Koffer landeten Gewürze und Apothekenartikel, Kekse und besagter Tee. Im Herzen sind viele schöne Momente festgeschrieben, festgemacht.

Ägypten

Nun sind wir da, im Hotel, im Land der Pharaonen und der Delfine, im Land, wo die Katzen die Königinnen sind und wo wir die letzten beiden Jahre einen Teil des Januars verbrachten.

Kann man eigentlich schon von einer Tradition sprechen, wenn wir zum dritten Mal hier sind, wenn wir diese Woche fast identisch zu den anderen Jahren gestalten werden?

Ich meine, es ist eine Tradition.

Traditionell gebucht im Juni, traditionell angezahlt, traditionell die Restzahlung vergessen und traditionell voller Stress und Hektik den Rest gezahlt.

Eine Woche Sonne im Winter, eine Woche auftanken und genießen, eine Woche Meer, eine Woche Freundinnenzeit.

Was wollen wir machen?

Ägypten ist ein tolles Land, das Rote Meer ist großartig, allerdings kannst du das Land, kann ich das Land nicht allein bereisen. Und das liegt nicht daran, dass ich ein alter Schisser bin, sondern tatsächlich am Land selbst.

Von den Brennpunkten der Welt umgeben, ist hier ein Ruhepol zu finden, der so mitten in den Krisengebieten liegt.

Also, was ich beschreiben möchte, ist, dass es hier nur für die ganz mutigen Reisenden möglich ist, das Land ohne Begleitung und ohne Schutz zu bereisen.

Da eine Woche Urlauberanlage ziemlich anstrengend ist, sogar bei Wasser und Sonne, ist zu überlegen, was machen wir zu welchem Budget. Und wollen wir wieder etwas Neues machen oder bleiben wir beim altbewährten, traditionellen.

Zu dritt zu überlegen, was wir machen wollen ist schwierig, besonders, wenn es schriftlich erfolgt. Die Idee, ein Budget festzulegen und daraus das beste zu holen erwies sich im ersten Moment als die geeignetste Methode.

Meer soll es sein, viel Meer soll es sein und vielleicht auch ein bisschen Kultur, aber nicht zu viel. Und Erholung natürlich und Meer und Delfine und. Und.

Und natürlich soll es im Budget liegen.

Gesagt getan, das Internet gequält, den Anbieter mit der höchsten Werbequote genutzt und gebucht. Am Ende passten dann 4 Ausflüge, drei zu Wasser, einer in der Stadt.

Alles gut und alle sind zufrieden, nur, was nicht bedacht wurde, was ich tatsächlich nicht im Blick hatte, das Hotel ist nicht dort, wo ich dachte, sondern wo anders und damit erhöhen sich die Kosten für die Ausflüge um die Kosten eines Transfers, besser um vier. Also Kontakt mit den Anbietern, per Mail, per Telefon, um am Ende alles zu stornieren. Schade um die vertane Zeit und schade um die Vorfreude.

Und nun? Egal, jetzt müssen wir erst mal hinkommen. Am bequemsten, wenn uns jemand fährt. "Kannst du uns nach Schönefeld fahren?" "Ja, klar, wann denn?" Zeiten besprochen, Abholzeiten vereinbart. Passte perfekt.

Beim Kofferpacken gingen wir drei unterschiedlich ran. Eine hatte bereits vier Tage vor Abreise alles fertig, die andere einen Tag vor Abreise und dann gab es da auch mich, am Abreisetag noch einen Frisörtermin und das eine und andere zu erledigen. Und ja, da war dann da ja auch noch der Koffer. Letztendlich war der dann zum Abholtermin fertig gepackt. Und dann schoss es siedend in mein Gehirn. Fahren wir, besser fliegen wir überhaupt von Schönefeld? Natürlich nicht, wir fliegen von Tegel. Ohne Worte. Entsprechend zeitiger waren wir dann am Flughafen, konnten damit die Polposition beim Check-in, der Pass- und sonstigen Kontrollen erreichen. Durchliefen die Sonderkontrolle, hatten im Flugzeug 3 Plätze nebeneinander und viel Zeit. Zeit, um alle Stullen, Kekse und Sonstiges zu essen, zu trinken und die Getränke wieder wegzubringen. Leute zu beobachten und Überlegungen, was uns wohl erwarten wird zu treffen.

Im Flugzeug dann, vorletzte Reihe, irgendwie sind alle müde. Kurze Schläfchen viele Turbulenzen und dann sind wir da. In Kurzform, der Weg zum Hotel, ein Wagnis, der Fahrer fährt teilweise ohne Licht, mein Angstlevel steigt.

Aussteigen will ich aber auch nicht, mitten in der Nacht zu Fuß in Ägypten, noch schlimmer. Check-in im Hotel. Das Zimmer, ein Traum zwei große Betten und ein Zustellbett. Platz zum atmen, einziger Nachteil, es ist im Erdgeschoss. Wir bleiben trotzdem darin. Ja und nach einer kurzen Nacht hatten wir erneut mit den Ausflügen zu tun. Wir haben es geschafft uns zu einigen. So viel kann ich schon sagen.

Ja, die Ausflüge, wer hat eigentlich den Wecker gestellt?

Wach, viel zu zeitig. Der Nachtschlaf reichte nicht aus, vollkommen platt. Und warum klingelte er, der bekl... Wecker. Urlaub. Ich bin müde. Aber klar, wir müssen zu einer bestimmten Zeit an einem bestimmten Punkt sein um, genau, um uns um die Ausflüge zu kümmern.

Wir stehen auf, wie gesagt, ich meine geschrieben, wegen des Weckers und des Treffens mit dem Reiseleiter und der, genau, der Ausflüge.

Eine schöne große Lobby, ein Platz am Fenster, ein buntes Sofa lud zum Verweilen ein.

So eins, in dem man versinkt und nur mit Hilfe wieder rauskommt.

Der Reiseleiter kommt zu spät. Zeit scheint hier eh eine andere Bedeutung zu haben. Also er kommt zu spät und wir haben noch die Möglichkeit uns bezüglich der Ausflüge zu einigen.

Drei Menschen, drei Wünsche, drei Unterschiede und das Budget.

Ich will, und es wirklich will, aufs Meer und soviel wie es geht. Und im Zweifel bin ich bereit das Budget zu überschreiten.

Dann gibt es reine wettertechnische Bedenken, aber ich will Meer, bedenken wegen des Windes, der heute so böse windet, dass ich mir ein Kopftuch aufsetzen muss. Aber ich will Meer.

Wir finden einen Kompromiss, beginnen mit dem Meer, mit einen großen Boot und Tasten uns an das Kleinere ran. Das Ganze an den Tagen, an denen die Wettervorhersage wenig Wind verspricht, guter Kompromiss und ich bekomme Meer.

Ein bisschen Wüste wird es auch geben, einen halben Tag mit etwas Wind und Sternenhimmel.

Nachdem wir das geklärt haben ging es tatsächlich ans Meer, auf die Liegen oder auf das

Tagesbett, aber das Meer war weg. Der Wind hat es einfach rausgetrieben, weit raus. Es wirkte fast wie Nordsee, Wind und Ebbe.

Hat das Rote Meer eigentlich Gezeiten?

Ein bisschen über den Meeresboden gegangen, der Wind, besser der Sand sticht wie kleine Nadeln an den Unterschenkeln, es tat weh. Gut, dass das Wetter es nicht zugelassen hat, um Badezeug rumzulaufen, wirklich gut.

Dabei fällt mir ein, der Reiseleiter berichtete, dass es 4 Wochen am Stück geregnet hat, gut, dass wir nur den Wind haben.

Am Nachmittag kam das Meer wieder und mit ihm die Kitesurfer, es ist faszinierend denen zuzuschauen, in meinem nächsten Leben werde ich Surfer oder Kitesurfer oder Tauchlehrerin auf alle Fälle was mit Wasser, nee, was mit Meer.

Ich will Meer.

Nun geht es los, unser erster Ausflug, ein kleiner Siebensitzer sammelt uns am Hotel ein. Noch sitzen wir alleine darin, ich bin gespannt, was für Menschen mit uns reisen werden.

Der Vormittag war sehr beschaulich. Das freie Internet ist da, es reicht, um E-Mails und Texte zu senden. Für Fotos und auch Internettelefonie reicht es nicht aus.

Meinen Vormittag verbrachte ich am Strand, Sonnenliege, Kriminalroman, Pfefferminztee und eine Playlist von einem Streaminganbieter. Ich sag mal so, Entspannung pur.

Die Mädels verbrachten den Vormittag in der Lobby. Das fand ich schade, da der Strand echt schön war. Aber die Mädels haben natürlich recht, jeder kann seine Zeit verbringen, wie er mag.

Auf jeden Fall. Gestern Abend waren meine beiden Partymäuse zum Tanzen aus. Gerade haben sie gestanden, Alkohol getrunken zu haben. Unverständlich meinen morgendlichen vorbeugenden Kräuterlikör lehnen sie vehement ab. Da sollten wir noch mal drüber reden.

Ja und nun fahren wir und fahren und fahren rechts ist Wüste, links Wüste und wir mitten drin.

Franzosen, lauter Franzosen steigen in das Auto ein. Sie sitzen im Auto und wir. Ältere Menschen, die wohl Quasselwasser zum Mittag bekamen. Es hört sich schon sehr gut an, diese

Sprache. Nur schade, dass ich nichts verstehe. Es gäbe sicher nette Geschichten. Ist Ägypten in französischer Hand? Das muss ich tatsächlich noch mal recherchieren. Apropos recherchieren, das Rote Meer hat Gezeiten. Danke für die Hinweise. Spätestens heute Vormittag hätte ich es selber gemerkt, das Wasser war wieder weg, aber der Wind war weniger. Heute 17 Knoten gestern 34. Ich sehe gut für Freitag, für den ersten Ausflug aufs Meer. Die Anreise zu unserem Ausflug zieht sich, wir haben Urlaub, also alles gut. So ein bisschen üben wir schon für die Jeeps. Die Straßen sind immer wieder mit Aufpflasterungen versehen. Wenn man nicht langsam darüber fährt, gibt es ein Safarifeeling. Gerade haben wir das letzte Paar eingesammelt, Asiaten. Die verstehe ich ja nun gar nicht. Unser Bus ist inzwischen vom Sieben- zum Elfsitzer umgebaut, dann zum Dreizehnsitzer. Es ist echt eng. Im Gegensatz zu der Wüstentour vor zwei Jahren, sind wir diesmal eine sehr große Gruppe. Während der Fahrt mit dem Jeep hatte ich immer mal gedacht, warum mache ich das hier eigentlich. Mit verschiedenen fremden Menschen in einem Auto sitzen, die Bauchmuskeln anspannen und die ganze Fahrt zu hoffen, dass ich ganz dicht bleibe. Andere in der Kabine spannen die Pomuskeln an und hofften insgeheim dasselbe wie ich. Huckel um Huckel meisterten wir großartig, Anspannung und Entspannung. Ziel ist ein Touristendorf, kein Wohnort, sondern ein Ort, der für uns Touristen geschaffen wurde.

Der soziale Netzwerk und Internetjunky Reiseführer, Charly mit Namen, erzählt uns über Ägypten, über die Beduinen und überhaupt. Er redet ausgesprochen schnell. Er erzählt, dass die Beduinen gemütlich in der Wüste wohnen. Sie machen drei Dinge, essen, beten, schlafen. Die Beduinenmänner können die Kleidung tragen, die sie möchten, farblich gesehen. Frauen dürfen sich in zwei Farben gewanden. Sofern diese nicht verheiratet sind. Sofern sie verheiratet sind, ist schwarz ihre Farbe, kein weiß, kein gelb, kein rot, bei Heirat nur noch schwarz. Galabija heißt das Teil, zum Anziehen, es ist ein bisschen wie eine Uniform, uniform gekleidet, Männer wie Frauen. Dazu kommt, dass bei den Frauen, welche verschleiert gehen müssen, dass nur die Augen zu sehen sein dürfen. Es ist hier total normal. Tatsächlich darf auch der Mann das Gesicht der Frau nicht vor der Hochzeit sehen. Sollte es ihm nach der

Heirat nicht gefallen, nimmt er sich eine weitere Frau. Bis zu vier darf er haben. Mit 25 Jahren ist es die richtige Zeit zum heiraten und das geht folgendermaßen:

Mit dem Vater der Braut reden, jetzt erfolgt die Frage, welche Jeeps er hat, wenn das passt, wird gefragt, ob die Tochter den Mann akzeptiert, sie kann auch nein sagen. Dann wird dem Bewerber das Ergebnis mitgeteilt. Dieses wird nicht von Angesicht zu Angesicht besprochen, sondern es wird Tee gereicht. Mit oder ohne Zucker, befindet sich Zucker im Tee, kann geheiratet werden. Die Hochzeit feiern Männer und Frauen getrennt. Der auf das Fest folgende Honeymoon, Charly sprach tatsächlich von Honeymoon, ist eine Zeit, in der die jetzt verheirateten zirka 25 Kilometer in die Wüste reiten. Sie bauen dort ein Zelt auf und bleiben dort 4 Wochen. Bis die Frau schwanger ist. Ist sie schwanger, kommen sie zurück und der Mann muss nachweisen, dass er der Erste war, ist. Wobei der Reiseführer nicht sagte wobei, aber er erzählt uns, dass die Kinder täglich 3 Stunden im Koran lesen, um Arabisch zu lernen, dazu gehen sie in eine Moschee, jeden Tag, behauptet er. Hallo, wir sind in der Wüste. Aber

er sagt, es stimmt, als ich dann noch mal nach-
frage, meint er, dass ich eine Lehrerin bin. Ehrlich, Charly, so heißt unser heutiger Reiseführer,
war nicht mein Lieblingsreiseführer. Er versuchte Nichtwissen mit gespielter Coolness
wettzumachen. Was ich ihm aber glaube, ist,
dass die Menschen hier viel gesünder sind als
wir, das sie besser riechen und hören können
als wir. Es ist ruhiger und klarer als in Städten.

Inzwischen sind Kamele nicht mehr so wichtig, allerdings können sie, die Kamele, Wasser
finden. Die Geschichte dazu ist nicht ganz so
schön, die Kamele finden, nachdem sie 4
Wochen nichts getrunken haben die Stellen, wo
sich Wasser befindet. Vier Wochen ist schon
heftig.

In einer Pause, während des Vortrages von
Charly gab es einen kleinen schwarzen Tee ohne
Zucker, das heißt, wir kommen alle wieder nach-
hause und werden nicht verheiratet. Glück
gehabt. So ein Leben in der Wüste ist nicht das,
was ich erstrebe. Dann schon lieber Meer.

Wir dürfen ein bisschen auf dem Gelände
umher gehen. Einen Hügel rauf und runter,
Kamele anschauen und auch unsere Mitreisenden. Eine Gruppe ist ziemlich spannend, nicht

Kamele, Menschen. Die Gruppe, Bosnier, die jetzt in Deutschland leben waren gestern in Kairo und haben sich für den heutigen Ausflug eingekleidet, schwarze Kutten, ich meine Galabijas, Palestinensertücher und ein Kopfteil, um das Tuch festzuhalten. Dazu trugen sie Bärte, sind sehr groß und es sieht einfach klasse aus. Die sehen Klasse aus. Wirklich. Ich habe gefragt, ob ich ein Foto machen darf. Ich durfte.

Das abendliche Folkloreprogramm, nett aber laut und kurz und dann war die Zeit vorbei.

Wüste ist immer wieder schön. Ja und an den netten Herrn, den ich nicht so nett beschrieben habe und die Sequenz dazu bereits wieder gelöscht habe, so dass keiner davon erfahren wird, leiste ich Abbitte. Ich fand das Pärchen dann doch sehr nett.

So ein Tag in der Hotelanlage ist schon wirklich nett. Lange schlafen, lange gemütlich frühstücken, dann an den Strand, der Wind ist ziemlich still, um zum Nachmittag zuzunehmen.

Diese Hotelanlage ist wohl verkauft worden und wird zum März geschlossen werden. Es soll renoviert und erneuert werden, um die Reisen hierher dann um 2000 Euro kosten zu lassen.

Das erzählte uns heute Morgen eine Hotelgästin, die ziemlich informiert zu sein scheint. Teil eines Paares aus Solingen, mit dem wir beim Frühstück ins Gespräch kamen, ziemlich gut informiert. Wir wissen inzwischen, dass es hier einen beheizten Pool gibt, wo das Beduinenzelt ist und dass ein Reisefernsehsender günstig Reisen nach El Gouna vertreibt. Von uns wissen Sie, wo wir gebucht haben, wo wir herkommen und was wir so an Ausflügen unternehmen. Nette Urlaubsplaudereien eben.

Wir verbringen den Tag am Strand, wobei ich zugeben muss, dass es schon windig ist.

Trotzdem vermittelt sich das Gefühl, in einer Postkartenidylle zu sitzen.

Am Strand haben wir eigene Liegen, die abgeteilt in kleine Abschnitte, von Bambuszäunen umgeben sind, so dass wir, wenn wir es denn wollten, keine anderen Strandbesucher sehen müssen.

Der Blick auf Meer, erst auf die Ebbe und dann auf die kommende Flut. Die Flut, die das Wasser Stück für Stück näher bringt. Und da ist es das Meer, nur noch eine Handbreit entfernt. Postkartenidylle.

Auch unser Zimmer, etwa 30 qm, ist nicht zu verachten. Wir haben relativ große und bequeme Betten. Eine, Netty, es ist zu bemerken, dass die Mädels dieses Mal auf Decknamen verzichten. Also Netty schläft im Zustellbett. Das Bad ordentlich und sauber, Wasserkocher und Teevorat sind vorhanden, eine kleine Terrasse. Unser Eingang ist umrandet von Beeten voller Basilikum, rotes und grünes.

Die Angestellten superfreundlich und fleißig. Freuen sich über ein kleines Trinkgeld, wer freut sich nicht über ein Geschenk, ohne es vordergründig zu fordern. Das hatten wir letztes Jahr anders in Erinnerung.

Es muss hier ein richtig guter Koch arbeiten. Das Essen, ausgesucht gut und dazu gut gewürzt. Sehr gut, nur für mich nicht. Es landet der eine oder andere Happen zu viel auf meinem Teller, ich will ja kein Geheimnis verraten, aber es muss raus, bei den anderen beiden auch.

Natürlich gibt es hier auch Animation, Momo, der sieht tatsächlich aus wie Momo aus der unendlichen Geschichte, ist mir bekannt. Er versuchte, uns zu animieren, muss er ja wohl als Animateur, Bauchtanz zu tanzen. Da hat er sich die Richtigen ausgesucht, gern würde ich berichten, wie wir mit gelben und roten Tüchern und mit sehr viel Spaß am Strand die schönsten Bauchtänzerinnen gegeben haben. Das kann ich leider nicht, wir haben es abgelehnt. Momo hat es dann noch mal versucht, indem er versuchte, eine, die Line, von uns davon zu überzeugen, dass er sie liebt. Line sagte ihm "Ich möchte nicht, dass du mich liebst." Unser Lachen war über den Strand zu hören. Animation eben, um jeden Preis.

Inzwischen ist das Wasser wieder bis zum Strand gekommen und ich freue mich sehr auf unsere morgige Bootsfahrt, vermutlich werde ich sogar ins Wasser gehen, 19 Grad Wassertemperatur, ein bisschen wie Ostsee, oder Nordsee, im Sommer, nicht im Januar.

Und zwischenzeitlich gab es einen Schrecken, der Schlüssel war weg, war er dann doch nicht, Netty hatte zwei. Mädels, wir werden alt.

Bootsausflug, der Tag mit dem Gang aufs und ins Meer, der Wind hat nachgelassen, ziemlich nachgelassen und das ist gut so.

Nachdem ich superschlecht geschlafen habe, klingelte der Wecker zu der absolut falschen Zeit. Ich hätte gern noch etwas länger Zeit gehabt zu liegen. Aber das Meer ruft. Und ich höre. Pünktlich um sieben am Frühstückstisch, Urlaub und um sieben am Frühstückstisch. Es gibt noch genügend Servicepersonal und damit funktioniert das Ordern der Getränke ziemlich gut und schnell.

Gestern Abend hatte das Serviceteam ein paar Probleme, es war schon kurz vor ärgern, aber nur kurz davor. Urlaub. Dann hatten wir ein Thema, ein echtes Angstthema zu besprechen. Stoffwechselendprodukte und unsere Angst davor, diese auf dem Bootsausflug zu verlieren. Die Gedanken dazu waren recht unangenehm. Zurück zum heutigen Tag, wir wurden abgeholt, wieder ein kleiner Bus, wieder werden wir als Erstes abgeholt, das zeigt schon, wie weit wir weg von der Stadt wohnen. Wir sind tatsächlich so weit weg von allem und irgendwie ist das Hotel weit weg von allem. Gestern Abend haben wir uns das Video des Hotels angeschaut, nett im Style der 1960 iger Jahre gemacht. Eine Drohnenaufnahme zeigt dann, wie einsam es doch liegt. Vorn Meer und rundherum Wüste.

Unsere Reise ging pünktlich los, auf Grund der Entfernung sind mehr als eine Stunde zu fahren, wir sammeln, wie soll es anders sein erst mal Franzosen und dann Sachsen ein. Am Schiff angekommen sind wir 15 Personen, haben das komplette Schiff für uns. Können uns von Platz zu Platz bewegen, müssen keine Handtuchreservierungen vornehmen. Auf das Schiff passen 90 bis 100 Leute. Die Fahrt geht los, und es ist so unglaublich, uns haben zwei Delfine begleitet, bestimmt 10 Minuten, wenn nicht sogar länger, schwamm ein Pärchen an unserer Seite. Es ist so wunderschön diese eleganten Tiere zu beobachten. Seite an Seite, immer mal mit einem eleganten Sprung aus den Wellen aufzutauchen, um dann wieder unterzutauchen. Wir haben hier etwas ganz, wirklich ganz Besonderes erleben dürfen.

Davor waren wir unter dem Meeresspiegel und konnten ein Riff anschauen. Unser Boot hatte in seinen Kielen Fenster, durch die wir das Meer unter dem Meeresspiegel beobachten konnten. Zwei Kiele, weil es sich um einen klassischen Katamaran handelt, nur eben mit begehbaren Kielen. Wir sahen diverse Fische, zitronengelbe und gestreifte, lange, schlanke und auch einen Rochen. Dieser glitt, ohne Übertreibung, majestätisch durch das Wasser.

Schnorchelstopp, den ich zum Baden nutzte, das Wasser, wärmer als gedacht, es braucht nur wenig Anstrengung über Wasser zu bleiben und das Wasser ist ein Traum, ganz weich, aber salzig. Türkisblau, dazu die Sonne und an manchen Stellen des Bootes kein Wind. Zweimal im Wasser am Ende des Tages, ein wirklich gutes Essen und so viel gute Zeit. I like it.

Ohne Frühstück, das ist richtig gut, wenn man, wenn ich das opulente Frühstücksbüfett nicht sehe, kann ich nicht zuschlagen und besonders nicht bei den kleinen Pfannkuchen, Eierkuchen und den unverschämten Süßigkeiten, gut, dass wir das Frühstück ausfallen lassen können.

Aber ganz ehrlich gesagt, wir hätten es heute auch nicht geschafft. Kurz vor zehn sind wir gemeinsam aufgewacht, fertiggemacht und auf einen, besser zwei Cappuccino in die Lobby. Heute konnten wir tatsächlich draußen auf der Terrasse sitzen, also nicht Lobby, sondern Terrasse. Ein bisschen Sonne, ein bisschen Wind, aber gut auszuhalten, für zwei, eine, tatsächlich nur eine zog es in den Innenraum. Aktuell bin ich so aufgestellt, dass ich jedem Augenblick an der Luft genieße.

Wir reflektierten den gestrigen Tag, auch mit Abstand betrachtet war er traumhaft.

Wir lernten ein Pärchen kennen, ich weiß nicht einmal wie die beiden heißen, aber wie ihr gemeinsames Kind, ein Sohn heißt, das wissen wir, auch wann er geboren ist, das Geburtsdatum hat die Mama auf dem Dekolleté tätowiert, auch seinen Namen. Matheo, 15 Monate und ein Kind was nicht fremdelt. Wir hatten doch schon mal einen Matheo, am Flughafen, als wir das erste Mal nach Ägypten flogen. Bei diesem, dem Matheo hier auf dem Boot, konnten wir als Probeomas agieren. Der kleine Junge, ein Zuckerstück parexelanc. Schreibt man das Wort so? Also ein Zuckerstück von besonderer Güte. Er machte sich mit uns bekannt, indem er Line am Po krabbelte und als sie ihn anschaute, zog er die Nase kraus und grinste vor sich hin. Zuckerschock. Die Eltern, seine Eltern sind ziemlich entspannt mit ihm umgegangen. Er durfte überall alleine sein, sie hatten ihm immer Blick, ließen ihm aber seinen Forscherdrang. Ist das die neue Erziehung, ich weiß es nicht.

Ich habe mich wirklich sehr gefreut, als die Mädels sagten, dass es gut war, dass ich diesen Ausflug machen wollte. Allerdings hatten wir wirklich Glück, dass das Boot nicht voll war, denn wäre es voll gewesen, dann kann ich mir vorstellen, dass es uns angestrengt hätte. Also mich auf jeden Fall.

Unser Abend war dann, fast wie jeder Abend, essen, reden, einen kleinen Colarum, oder zwei trinken und dann ins Bett. Den Beginn des Tages hatte ich bereits beschrieben.

Ja, und nun hängen wir hier am Strand ab, chillen, lesen, schlafen, jeder geht immer mal eine Runde. Einmal habe ich die Anlage verlassen, auf der Strandseite, Beachside. Neben uns ist ein Surfcenter, Kite und auch normales Windsurfen und Segeln wird angeboten. Ach ja, wenn ich das könnte, wäre es tatsächlich nicht weit gewesen. Aber kann ich nicht, also andere Vergnügen suchen. Ein Spaziergang im Watt, heißt es in Ägypten auch Watt? Ein Spaziergang im Watt zeigt mir, dass durch das Wasser tolle Formationen entstehen. So, als wenn sich die Wellen im Sand nachbilden. Vorn am Ufer wohnen kleine Käfer, die Löcher buddeln und der

Sand, welchen sie ausgraben, hat die Form von kleinen Kugeln. Vielleicht heißen diese Käfer Kugelkäfer. Der Name würde gut passen.

Nun neigt sich der Strandtag dem Ende zu. Heute Abend haben wir ein besonderes Essen gebucht, im Beduinenzelt. So sicher, ob wir das auch nutzen wollen sind wir uns nicht. Das Zelt hat nur eine Überdachung, keine Wände.

Ich sage nur Wind.

Gut, dass ich den dicken Hoody mitgenommen habe. Der zweite Bootsausflug, ich war im Meer. Schwimme mitten im türkisfarbenden Wasser. Wenn ich wollte, könnte ich auch schnorcheln, das ist nicht meins. Den Umgang mit Schnorchel und Maske bekomme ich nicht so hin, wie es erforderlich ist, um eine Runde um ein Riff zu schnorcheln. Aber drin, im Wasser, war ich, es war warm, etwa 19 Grad, allerdings war das rauskommen, eine Herausforderung. Deshalb bin ich froh, dass der dicke Pullover mit gekommen ist.

Gestern Abend dachte ich ja erst, dass es mit dem Ausflug nichts werden wird.

Gut, dass ich ein paar Pillchen mit habe, die hoffentlich die ankommende Erkältung im Keim ersticken werden. Jedenfalls musste ich in dieses traumhafte Wasser gehen. Drei Schnorchelgänge soll es geben, den zweiten muss ich tatsächlich auslassen. Also, für mich ja der zweiten Badegang. Das aus dem Wasser kommen ist einfach zu kalt. Hatte ich schon erwähnt, dass es hier Leute gibt, die noch gar nicht im Wasser waren. Das sind die, die mit mir unterwegs sind. Aber der gute Wille zählt und eine Chance gibt es ja noch.

Gerade überlege ich, dass es echt gut wäre, wenn ich dicke Socken mitgebracht hätte.

Hab ich nicht, nun muss ich mit den kalten Füßen leben und hoffen, dass das nichts nach sich zieht.

Auf dem Meer haben wir ziemlichen Seegang, im Wasser selber merkt man ihn nicht so, den Seegang.

Zu empfehlen ist für eine Bootsfahrt im Januar auf dem Roten Meer, so viel Badesachen mitzunehmen, wie Schnorchelgänge angeboten werden. Dazu mindestens zwei große Handtücher, dicke Socken, Stirnband oder Tuch, um die Ohren zu schützen, vielleicht noch einen Sonnenhut und unbedingt Sonnencreme. Eine mobile Umkleide, so eine wie von früher, wäre ach nicht schlecht. Dann muss man sich nicht so verkrümmen beim Umziehen. Und auf jeden Fall, ich erwähnte es bereits mehrfach. Kräuterlikör. Auch heute haben uns 2 Delfine begleitet, die sind einfach so zu uns ans Boot gekommen und haben uns immer wieder umrundet.

Ich bin tatsächlich verliebt, so elegant und schön. Die Form und Farbe, einfach perfekt.

Unser Ausflug beinhaltete, so wie alle Ausflüge, ein Mittagessen. Es wurde auf dem Schiff gegrillt, es gab Kartoffeln und Nudeln, Bulgur und Fisch, Calamari, Scampi und diverse Salate. Mein Highlight, ein Salat aus frischen Tomaten, Zwiebeln und gebackenen Aubergine. Alles klein gewürfelt, gut gewürzt und mit viel Petersilie angeboten.

Dabei fällt mir ein, wir waren gestern Abend, bei den Beduinen, essen. Es war lecker, sehr lecker, aber nichts Überraschendes. Salat, Brot, Humus, Kartoffelgulasch und Gegrilltes. Dazu Cola, nett, aber eben nicht besonders.

Nach dem Mittagessen gab es einen weiteren Schnorchel-, Badestop. Diesmal waren wir alle im Wasser. Die Mädels schnorchelten, ich badete. Eng an einem Riff, ganz glatte See und die Mädels meinten, es gab viel zu sehen. Ein richtig schöner Moment, den man sich, den wir uns im Herzen festhalten müssen.

Nun ist auch diese Reise schon fast vorbei. Wir genießen die letzten Sonnenstrahlen. Heute Morgen war ich die Sonne begrüßen. Erst erscheint am Horizont ein schmaler orange-goldener Streifen, dann bekommt der Streifen eine Ausbuchtung nach oben, die immer größer wird. Und dann kommt die Sonne, heraus, aus dem Meer, ein bisschen wirkt es so, als wenn diese heraus platzt, aus dem Streifen, vielleicht kommt daher der Begriff, ein neuer Tag wird geboren. Ein neuer Sonnentag, von dem noch etwas zu genießen ist.

Meine Begrüßung des neuen Tages erfolgte im Schlafanzug. Sonnenaufgang ist zu 6:31 Uhr angekündigt worden. Um sechs klingelte der Wecker, bei drei Personen kann man nicht davon ausgehen, dass jeder, besser jede tagfertig ist. Also im Schlafanzug, wobei das vollkommen egal ist. Die Schlafanzüge, sehen zum einen, nicht zwingend wie Schlafanzüge aus und zum anderen waren keine weiteren Urlauber zu sehen.

Der Strandwächter, dem Strandwächter war es, glaube ich, egal, wie die Fotografinnen aussehen.

Was mir beim Thema Strandwächter auffällt, ist dass die Angestellten des Hotels, und auch die Ägypter, welche wir auf den Ausflügen getroffen haben, angenehm zurückhaltend sind. Das war vor zwei Jahren und tatsächlich auch letztes Jahr noch anders. Die Verkäufer in den Hotelshops, versuchen, ein Geschäft zu machen. Wenn man ablehnt, ist es auch ok.

In der Anlage gibt es einen Shop für Gewürze und Tee. Ein kleines nettes Geschäft, in dem Hibiskustee in drei Qualitäten angeboten wird. Ich mag diesen Tee sehr gern, mit Ingwer, Zitrone und Honig, in warm und kalt, einfach toll. Meine Idee, ich kaufe den gleich hier, anstatt auf dem Flughafen. Dass dieser Tee mit nach Hause kommt, das ist von Beginn an klar. Der Preis, etwas erhöht, aber ich fühlte mich nicht über den Tisch gezogen.

Doch dann ließ ich mich von Gewürzen verführen, ich liebe diese orientalischen Gaumenfreuden, bestellte noch dies und das, fragte immer nach dem Preis, der Verkäufer meinte immer wieder "Mache guten Preis". Der gute

Preis war am Ende bei 55 Euro. Da wollte ich nicht mal mehr handeln. Ich bezahlte meinen Tee und ließ den Rest dort. Ich war wirklich traurig, hätte mich am Ende aber sehr geärgert. So ist es ok für mich.

Nun haben wir noch zwei Stunden in der Sonne. Ich könnte tatsächlich noch ein paar Tage bleiben. Aber ich will nicht jammern. Andere Menschen haben es viel schlechter getroffen, die konnten gar nicht in die Sonne. Und ich, wir hatten hier alles, Sommer im Januar, Sonne und Strand, auf dem Wasser und im Wasser und Delfine. Wir hatten eine gute Zeit. Die Fahrt zum Flughafen war eigentlich unspektakulär, bis zu dem Moment, als der Begleiter aus dem Auto ausgestiegen ist und uns vorher erzählte, dass er jetzt aussteigen wird und wir noch zwei Gäste aus einem weiteren Hotel abholen würden. Zu dem Hotel fuhren wir durch die Wüste. Es gab keine richtige Straße dorthin. Hätte er, der, der ausgestiegen ist, nicht gesagt, dass wir durch die Wüste fahren werden, wären wir echt verblüfft gewesen. Das Hotel einsam am Strand, sonst nichts, fast nichts. Ein bisschen Baustelle und das war es. Die beiden Zugestiegenen meinten, es wäre sehr schön gewesen. Das glaube ich gern, aber kommt man dort auch weg? Blauer Blick, View Blue, so war der Name. Vermutlich punktete es mit Blick auf das Meer von jedem Punkt aus. Deshalb blauer Blick.

Am Flughafen angekommen, bekam ich einen riesen Schrecken, die Polizei wollte den Pass, den hatte ich ja und das Ticket sehen, das hatte ich nicht. Ticketloses fliegen, ich sag nur, Ticket los. Allerdings hatte eine tatsächlich einen Zettel, den wir als Ticket nutzen können. Check-in, keine Gewichtsüberschreitung, zumindest nicht bei den Koffern. Plätze haben wir nebeneinander, am hinteren Ende der Tragflächen, im Flugzeug. Vor dem Check-in kam eine erste Kontrolle der Koffer und des Handgepäckes, nach dem Check-in eine weitere Kontrolle, dann eine Passkontrolle, bei der wir die Ausreisekarten abgeben mussten, und dann kam noch eine weitere. Irre. Kontrollen, zumindest Kontrollstellen befinden sich häufig an den Straßen, an den Hotelzufahrten müssen kleine Karten abgegeben werden, manchmal wird auch noch mit einem Spiegel unter das Auto geschaut, ob wirklich etwas zu sehen ist, das weiß ich nicht. Aber es vermittelt Sicherheit. Viel Sicherheit.

Am Flughafen, als wir dann die diversen Shops durchschritten haben, machten wir es uns im Wartebereich 7 gemütlich, der Wartebereich heißt Gate 7. Kurz, bevor es uns langweilig wurde, kam Matheo unser kleiner Freund. Er war wieder zum Knutschen. Er schob den Handgepäckkoffer durch die Gegend. Trug die Wasserflaschen von einem zum anderen. Zwei auf einmal schaffte er auch, bei drei wurde es schwierig. Wir nutzten die Gelegenheit, ihn zu knuddeln und zu Herzen, tauschten Nummern aus und sind verabredet. Mitnehmen konnten wir ihn nicht, obwohl die Übergabe fest verabredet war. Das Problem war ein ganz einfaches. Wir haben keinen Quittensaft und Matheo trinkt nur Quittensaft.

Dann kam das Boarding. Ein letztes winken und schon standen wir im Bus, um kurz danach im Flieger zu sitzen. Wir starten von Startbahn 34 und fliegen dann in richtung Alexandria, über Kairo. Unser Kapitän heißt Andreas, ich konnte einen Blick auf ihn werfen, so einer, der in einer Serie mitspielen könnte, vielleicht könnte die heißen "Kapitän Andreas und die Lüfte" oder so, so ein bisschen Phantastik angehaucht. Wobei man sich die Lüfte als Wesen vorstellen kann.

Aber zurück zu unserem Flug, Netty hat vergessen, bewusst vergessen, den Flugmodus im Handy anzumachen. Daraufhin funktionierte der Rettungsfilm auf den Bildschirmen nicht. Die Stewardessen mussten es nun persönlich vorturnen. Darauf waren sie nicht eingerichtet.

Kapitän Andreas hat versprochen, dass er uns noch einiges zum Flug erzählen wird. Ich warte schon darauf. Andreas meldet sich, er informiert uns über die Route, wir fliegen über das Mittelmeer, über eine Insel zwischen Kreta und Rhodos, Thessaloniki, Belgrad, Sofia, Prag nach Deutschland fliegen wir über Dresden ein und werden vermutlich etwas zeitiger ankommen. Das kommt auf den Flugverkehr an. Aktuell sind wir in 11000 Metern Höhe und ziehen einen fetten Kondensstreifen hinter uns hinter her. Später, wenn wir leichter geworden sind, steigen wir noch um 600 Meter. Hoffentlich sind dann noch alle Passagiere an Bord. Draußen sind minus 58 Grad. Es sind kleine Eiskristalle am Fenster zu sehen. Die Geschwindigkeit beträgt langsame 730 km pro Stunde, das liegt am stärker werdenden Gegenwind, Turbulenzen sind nicht zu erwarten, oder nur ein paar kleinere, in Berlin erwartet uns Nieselregen und Temperaturen im niedrigen einstelligen Bereich.

Und hier bei uns ist die Stimmung gut, die Mädels spielen Karten, ich lese und suche eine bequeme Position zum Schlafen. Das gestaltet sich aber gerade schwierig.

Nun sind wir auf dem Landeanflug auf Berlin, der große helle Fleck in der Dunkelheit. Es sieht so aus, als wenn wir neben dem guten Flug auch eine gute Landung hinlegen können. Ein paar Fluggäste klatschen, ich freue mich. Berlin, da bin ick wieda.

Und dann kam Corona .....

Polnische Ostsee

1300 Schritte, einzelne kleine Schritte, ein jeder ist es wert und birgt Vorfreude, Vorfreude auf den Strand. Weißer breiter Sandstrand. Besser noch, weißer breiter Zuckersandstrand. Wir leben aktuell in einer schwierigen Zeit, Ängste bestimmen den Tagesablauf, Angst vor Ansteckung und noch mehr Angst vor Ansteckung. Das Gesicht oft hinter einer Maske versteckt, unwissend, ob es wirklich hilft.

Ich wollte mich nicht zu dem Thema, welches uns immer und immer wieder begegnet, welches das Leben einschränkt, welches (Entschuldigung, das muss ich jetzt so klar schreiben), also ein Thema, welches ein richtiges Arschloch ist äußern.

Für diese Geschichte ist es aber wichtig, um den Kontext zu verstehen. Wir befinden uns im Jahr der Corona-Pandemie. Wir sind in vielen

Bereichen eingeschränkt. Besonders im freien Reisen. Entweder schränken uns Verordnungen ein, oder aber die besagte Angst. Bei mir ist es mehr die Angst.

Und nun, trotz Angst am breiten weißen Zuckersandstrand mit der angeschlossenen Baltica, der Ostsee. 1300 Schritte, die mich hierher gebracht haben.

Vorher war allerdings viel zu planen und zu schauen.

"Hast du Zeit und Lust auf ein Wochenende an der Ostsee?" Fragte ich mein großes kleines Kind, nachdem unser geplanter Kulturausflug im März in den großen Schlund, den großen Rachen der Corona-Pandemie geflogen war, nachdem sie, dieselbe, diesen Ausflug einfach verschlungen hat.

Es, das Kind, hatte Zeit und Lust. Buchung erledigt. Die Unterkunft, einfach und sauber. Ein bisschen wie Ferienlager in meiner Kindheit. Die polnische Seite der Ostsee ist es geworden. Die deutsche Seite, war entweder ausgebucht, oder so kostenintensiv, dass es jenseits von meinem Budget, meinem vorgesehenen Budget war.

Ein Blick auf die Route, laut Navi keine 2,5 Stunden Fahrt. Machen wir das? Ja, dann machen wir das.

Was wir bei der Wahl des Termins nicht wussten, war, dass es, zumindest angekündigt, eine traumhaft schöne Sommerzeit werden soll. 30 Grad an der Küste. Ich sag mal so: Alles richtig gemacht.

Die Anfahrt waren dann 3,5 Stunden. Das Navi hatte nicht bedacht, dass ich erstens sehr langsam fahre und zweitens diverse Baustellen zu bewältigen sind. Davon eine mit reguliertem Verkehr, mittels einer menschlichen Ampel. Es gab tatsächlich eine Strecke, da war es nicht nur einspurig, sondern auch einseitig. Dort kam dann die menschliche Ampel zur Regulierung der Fahrzeuge zum Einsatz. Genau vor mir wurde gestoppt, die Ampel schaltete sozusagen auf Rot. Das bedeutet für alle Fahrzeuge hinter mir, dass ich die Geschwindigkeit angeben konnte. Wir fuhren alle sehr langsam und vorsichtig.

Am Abend waren wir dann da. Der Rezeptionist sprach polnisch und englisch, ich nicht. Laut Beschilderung durfte nur eine Person die Rezeption betreten. Ich die Papiere und Geldkarte, das große kleine Kind die Sprachkenntnisse. Mutig betraten wir dann zu zweit den Raum. Es war für den jungen Mann am Tresen ok. Und dann hatten wir es, unser Budget-zimmer. Ein Zimmer, welches bei dem Wetter perfekt ist, da wir wenig Zeit drinnen verbringen werden. Ein Zimmer, welches nicht unbedingt zum Verweilen einlädt. Aber, das muss ich unbe-dingt bemerken, Preis Leistung stimmt zu 100 Prozent. Sachen ausgepackt, Betten gemacht, wir haben eigenes Bettzeug mitgebracht, und ab zum Strand. Auf dem Weg dorthin ein kleines Picknick eingekauft. Mein Highlight des Tages, glatte Ostsee, Zuckersandstrand und einen Blick auf die, bald untergehenden Sonne. Schwimmen in den Sonnenuntergang und danach Picknicken. Den Sonnenuntergang genießen, die Zeit genießen. Die Mückenschwärme, welche über uns hergefallen sind, die habe ich schon ver-drängt. Mein Nachtschlaf war ok. Das große kleine Kind bemängelte fehlende Ruhe. Zum einen die Geräusche von außen, aber auch die von innen. Verstehe ich nicht. Wach war ich um sieben und die Ostsee rief mich. Vor 8:00 Uhr war ich dann bei ihr und hatte einen ungewöhn-lich langen und schönen Ausblick auf das Meer. Ab 9:30 Uhr kommen die Windschutzaufbauer und ca. 20 min später ist die erste Reihe besetzt. Vermutlich wird es auch hier voll werden. Die Mindestabstände sind (hoffentlich) gewahrt. Noch ist es so. Wir haben unseren Flecken besetzt. Strategisch so, dass vor und hinter uns nicht viel Platz für andere Strandlagerer besteht. Wir werden sehen, ob die Taktik aufgeht. Und wir werden sehen, was dieser Tag uns bringt, was uns erwartet, so nach 1300 Schritten.

Lässt die Aufstellung eines Windschutzes auf Eigenschaften des Aufstellers schließen? Nach einem langen Sonnentag war diese Frage noch nicht beantwortet. Warum umgibt er, der Wind, vielleicht besser Sichtschutz, Sonnenhungrige und Badeverliebte, Möwenschreimögende und oder Meeresrauschenlauschende, denn solches muss man ja sein, wenn man sich der freien Sicht beraubt. Und warum haben wir jetzt auch einen solchen?

Als erstes zurück zu dem Aufstellschema der Strandbehausungen. Wir sehen die Runden, wir sehen die Eckigen und wir sehen die, die aufstellen wie es kommt. Wenn man jetzt meiner Theorie folgt, dann, müssten dies drei Obergruppen sehr unterschiedliche Eigenschaften haben.

Gerade fällt mir ein, ob es einen Zusammenhang mit Aussehen, also Optik oder vielleicht sogar Nationalität gibt? Haben Familien mit Kindern eine andere Aufstelltaktik als Ruheständler oder Singles? Junge Paare sind aus meinen Überlegungen raus. Sie haben oftmals nur ein Tuch und ein Handtuch mit. Gegen Abend dann auch gern eine Flasche Wein oder Fruchtschaumwein ... Aber ich verzettel mich gerade. Zurück zum Thema. Kann man durch das Aufstellen des Windschutzes auf Eigenschaften schließen? Vermutlich gibt es keine Untersuchungen dazu. Sollte aber jemals eine solche durchgeführt werden, und sei es nur als Funfact, dann erkläre mich persönlich bereit, diesen Fragen an den Stränden nachzugehen. Natürlich gern gegen Übernahme der Aufwendungen. Nachdem nun gestern der Strand voller Windschutze war, mussten wir auch einen haben. Wir haben einen 8'er. Das bedeutet, wir haben 7 Stofffelder und 8 Streben. Blau, Rot, Weiß, maritim gemustert. Es ist einer der schönsten Schutze hier am Strand und der schönste, den ich jemals besessen habe. Unser Areal unsere Arena ist abgesteckt und wir schauen auf das, was dieser Tag uns verspricht. Gestern, ein traumhafter Strandtag. Es wird

Kopfschütteln erzeugen, wenn ich jetzt zugeben, dass ich meinen Rekord, am Strand zu sein gebrochen habe. Es waren 10 Stunden. Dank der 50'er Sonnenmilch ohne größere Schäden überstanden. Wir haben tatsächlich eine 50'er Sonnenmilch mitgebracht, aber nur, weil ich mich vergriffen habe. 30'er wollte ich, 50'er habe ich. Baden, Lesen, Essen, Trinken und etwas Turnen und schon war der Tag beendet. Kleine Beobachtungen gaben Schmunzeleinheiten. Zum Beispiel, lagert eine deutsche Familie vor uns. Einer der Jungen kommt ganz aufgeregt zu den Eltern. "Da ist eine Qualle, wenn das eine Würfelqualle ist, müssen wir hier allen Bescheid sagen und sie müssen hier weg." Die Eltern schauten irritiert. (Vielleicht, wegen des Windschutzes könnte ich es nicht sehen) und versuchten, den Jungen zu beruhigen. Sie scheinen es geschafft zu haben, denn der Strand wurde nicht geräumt. Die Würfelqualle lebt vor Australien und hätte den Weg bis in die polnische Ostsee nicht gefunden. Allerdings muss man ihm zu Gute halten, dass er mitgedacht hat. Die Würfelqualle, das giftigste Tier der Welt hätte uns schon ordentlich Stress bereitet. Der Tag endete mit einem Spaziergang am Meer und über den

Dünen. Wir gingen an Geschäften mit den unglaublichsten Tortenstücken vorbei in Richtung Promenade. Abendessen im Restaurant, so richtig mit am Tisch sitzen und mit Messer und Gabel essen und trinken aus einem Glas. Zurück, noch ein Mixbier und die Mücken gaben diesmal Ruhe. Und nun, Strand, Buch, baden, schwimmen, Turnen, essen, trinken und alles andere, was uns am Strand gut gefällt ...

Eigentlich ist so ein Strandtag ja recht langweilig. Und uneigentlich stimmt die Aussage nicht. Strandleben ist spannend. Ein Zeitvertreib ist Leute schauen, wie sie sich anstellen die Windschutze aufzustellen wie sie ihre Kinder beschäftigen, wie sie sich noch vor die erste Reihe, sozusagen in die 0*5 Reihe, drängeln, wie dann andere Badegäste versuchen, diese eigentlich nicht vorhandene Reihe zu überwinden, wie sie sich anstellen, sich umzuziehen und vielleicht auch, wie der Ball in einen, den den eigenen Claim fällt und die Reaktion der "Besitzer" darauf.

Hinterm Windschutz bietet es sich an, zu turnen. Der herabschauende Hund, die Taube, die Kobra, die Childposition und weitere Übungen bieten sich vorrangig an. Nur, beim Hund sollte man den Po nicht zu weit in die Luft recken. Sieht vermutlich komisch aus, wenn sich ein, nur ein Po über den Windschutz reckt. Apropos Hund, es sind Familientiere, die sich, ebenso wie Kinder unbedingt bemerkbar machen wollen. Hier ist es dann die Sache eines jeden Mitstrandliegers es zur Kenntnis zu nehmen oder es auszublenden, oder noch besser, es als Aufforderung zu nehmen, ins Wasser zu gehen.

Ich gehe dann eben mal.

Es ist tatsächlich so, dass Zugänge immer enger werden. Irgendwie haben die Abstandsregeln keine Bewandtnis. Schade eigentlich.

Es gibt weiter vorn am Strand abgeteilte Abteile, aber da glaube ich, dass diese weniger mit Corona zu tun haben, als damit, dass die Badegäste diese für sich nutzen können.

Wie beschrieben, nutzen wir den Tag am Wasser absolut aus. Zum Abend gehen wir ins Zentrum zum Essen. An den letzten beiden Abenden waren wir im gleichen Restaurant. Am ersten Abend hatte ich mich verschaut (Memo an mich, setze die Brille beim Kassenzettellesen auf!!). Sehr zu meinen Ungunsten. Wir konnten es regeln. Gestern dann, hatten wir zu schauen.

Das Restaurant liegt neben einem Freiluftveranstaltungsplatz. Gestern gab es eine Veranstaltung. Cabaret. Die Besucher waren, besser sollten Masken tragen. Machten etwa 95 Prozent auch. Die restlichen 5 Prozent wurden aufgefordert, sich eine zu besorgen. Machten sie dann auch. Was aber nicht kontrolliert wurde, ob die Besucher die Masken auch richtig tragen. Von den 95 Prozent, welche eine anhatten, hatten etwa 70 Prozent die Maske falsch auf. Als besonders krass erwiesen sich die "Kinnträger" danach kamen die "Nasefreiträger".

Irgendwie scheint es hier keiner richtig ernst zu nehmen. In dem Laden, wo ich das Frühstück besorge kommen tatsächlich Leute ohne Maske rein und die Verkäufer sagen dazu nichts. Die Mindestabstände werden nur schwer eingehalten. Sommer an der Ostsee macht Stress, aber ist dennoch traumhaft. Und so nebenbei, das Essen in dem Restaurant ist sehr gut. Nachdem wir gestern Abend mit dem Ziel in den Ort gingen, etwas anderes auszuprobieren, landeten wir doch wieder dort. Pizza war es diesmal und die Topunterhaltung durch die "Falschtragendengesichtsmaskenmenschen" (was für ein Wort, gilt das eigentlich beim Scrabble? Und wenn ja, wie viele Punkte sind das?). Anmerkung: Es wären 62 Punkte, sofern das Wort nicht auf mehrfachen Wort- oder Buchstabenwerten liegt. Allerdings ist das Wort nicht zugelassen und mit der Anzahl der Buchstaben, die man zur Verfügung hat, auch nicht legbar.

Der Sonnenuntergang, ein Traum. Wie ein großer Ball, hinter ein paar Schleierwolken, in Rotorange war die Sonne am Himmel zu sehen. Dem Sonnenuntergang zu zuschauen, ein wirklich toller Abschluss für einen tollen Abend. Noch nicht ganz, an der Unterkunft angekommen, saßen wir noch draußen, tranken ein Mixbier. Unterhielten uns über den Tag. Wie gut es doch war, dass wir unser Strandequitment weiter aufgestockt haben. Wir sind nun neben dem Windschutz auch im Besitz eines Sonnenschirmes. Gut geeignet als Schattenspender und Sonnenbrandverhinderer. Ein wirklich guter Kauf. Ein wirklich guter Abend. Ein wirklich guter Tag.

Und am nächsten Morgen, also heute früh, lag meine offene Tasche, mit voller Geldbörse, Geldkarte und Ausweis noch auf der Bank vor dem Zimmer ... Einfach vergessen und viel Glück gehabt.

Ein paar Tage Auszeit, Familienzeit. Obwohl die Familie nicht vollständig ist, dennoch Familienzeit.

Das Wetter großartig, die Umgebung großartig, das Stresslevel groߧa ... Nur groß.

Es ist zu voll.

Eine Kollegin schrieb mir, kein Wunder, alle wollen ans Meer. In den sozialen Medien lese ich, dass die Strände in Deutschland wegen Überfüllung geschlossen worden sind, dazu schreibt mir eine andere Frau, auf Rügen, ein Ort, den ich nicht kenne, ist alles entspannt. Und noch eine schickt mir den ultimativen Tipp für den entspannten Strandtag, einen Strandabschnitt mittels 100 qm großen Tuches reservieren.

Das hätte ich gestern gern gehabt.

Strategisch waren wir gut aufgestellt. Unser Windschutz und Sonnenschirm auch. Um uns rum noch viel Platz. Wir sind gestern weiter gelaufen. Daraus ergab sich der Platz. Allerdings liefen nach uns weitere Menschen. Menschen ende 20. männlich, polnisch. Auf der einen Seite 3, vor uns 6 plus eine Frau, dass sie Ende 20 waren, mache ich daran fest, dass einer sein Geburtsjahr über den Bauch tätowiert hatte.

Wahrscheinlich ist die Zahl schon etwas größer, als sie zu der Zeit war, als sie auf den Bauch gebracht wurde. Sie war etwas nach vorn gewölbt. Was mich an der Gruppe verblüfft hat, war die Getränkeauswahl, Bier und harte Sachen, Sonnabendvormittag oder Mittag. Und davon nicht wenig. Dazu kam Technomusik, welche sogar das Gekreisch der Möwen überragte.

Als sie dann anfingen, Saltos zu üben, einer landete auf dem Rücken, der nächste machte eher einen Purzelbaum, reichte es wahrscheinlich aus. Sie machten eine Pause, dachte ich. Es war keine Pause, sondern, das Bier war alle und sie holten sich Nachschub aus der Strandbar. Irgendwann ging die Truppe. Dann wurden die 3 neben uns munter. Als wenn sie extra Ruhe gehalten haben, um das Level der Lautstärke nicht zu übertragen. Sehr löblich.

Aber zurück zum Morgen. Es ist ja ein bisschen so, wie aus "Und täglich grüßt das Murmeltier". Ich komme am Strand an, lege unseren Platz fest, stelle den Windschutz auf und gehe ins Wasser. Dann kommt der Trecker und holt den Müll des Vortages ab. Nicht ganz ist es wie immer, die Müllsammler waren nicht unterwegs, dafür war der Strand geharkt. Aber wie immer füllte sich die erste Reihe, die zweite und die 0,5te.

Irgendwann legten sich mit Strandmuschel zwei Männer vor uns ab. Stellten ihren Windschutz auf und zogen den Stoff ab, so dass nur die Streben noch standen. Wie beklo ... ist das denn? Das blieb dann den Tag so. Vermutlich ist es deren imaginäres 100 qm großes Strandtuch. Am Abend führte uns der Weg, über Dusche und Promenade, in die Stadt. Essen gab es diesmal auf der Mole. Der Blick auf die untergehende Sonne, sensationell, das Essen weniger. Der Rückweg einfach, schon gewöhnt und an Ende hatten wir wieder über 10000 Schritte auf der Uhr. Für so einen faulen Strandtag ist das echt viel.

Es ist erstaunlich, wie relativ Zeit doch ist, für mich war der Ausflug, ja, er ist schon wieder vorbei, also für mich war es eine lange, für das Kind war es eine kurze Zeit. Also so relativ hatten wir beide eine unterschiedliche Dauer des Ausflugs.

Was wir aber gemeinsam hatten, war die gemeinsame Zeit, war das schöne Meer, das rumhängen in unserem Strandareal und die gemeinsamen Mahlzeiten. Auch haben wir beide es geschafft, ein Buch auszulesen. Ein tiefsinniges, die Welterklärungsbuch und einen Krimi. Wir sind trotz der Strandtage viel gelaufen, waren im Wasser und hatten viel Spaß beim Beobachten der Leute.

Wir haben gemeinsame Erlebnisse und Erinnerungen. Wir hatten eine schöne Zeit. Finde ich.

Heute nun war der letzte Tag, ein halber Tag, ein halber Sommertag am Meer.

Bevor wir unser Hab und Gut und uns selbst ins Auto packen, wollen wir noch mal an den Strand. Noch mal einen halben Strandtag erleben.

Der Himmel ist etwas bezogen. Wir verzichten auf Schattenspender und Abstandsschutz. Gehen mit unserem Strand und Handtuch zum Strand. Ein hübscher Platz. Viel weite, viel Sand, viel Wasser, viel Strand und genug Platz für alle Gäste. Auch mit Abstand. Und dann passiert etwas Unglaubliches. Etwas ausgesprochen Unglaubliches. Wir liegen, um uns herum nach hinten 3 Meter zum Zaun, eher 2 Meter zum Dünenzaun. Rechts und links leicht übertrieben

100 Meter und nach vorn, na ja aber so 20 Meter werden es gewesen sein. Also ein sehr schönes, großes Areal um uns herum. So wirklich groß und schön. Wir sitzen und lesen ...

Hinter uns fährt der Trecker und sammelt die Reste vom vorherigen Tag ein ...

Ein Paar nähert sich, es kommt immer näher. Ich denke noch so: "Warum sind sie nicht den anderen Strandabgang herunter gegangen? Es läuft sich oben doch viel besser." Sie hatten das große Strandequipment mit. Sie stoppen, legen ihre Sachen auf den Boden, holen einen kleinen blauen Kinderspaten raus und beginnen ihren Claim abzugrenzen. Genau neben uns. Näher wäre es nur gewesen, wenn wir das Paar auf unser Tuch gebeten hätten. Rechts 100 Meter frei, links 100 Meter frei vor uns 20 Meter frei ... Und diese beiden mussten unbedingt zwischen Pfahl 15 und 17, oder besser zwischen Mülltonne 8 und 9 vom Abgang H aus gesehen, rechts vom Abgang H gesehen lagern. Egal wer oder was dort lagert.

Typisch deutsch ... Sagte eine tolle junge Frau ... Es waren Polen. Ich hätte mein Kind Bambule machen lassen, sagte ein anderer. Mein Kind wollte es nicht. Und ich wollte Möwen füttern, von meiner Decke aus ...

Ich tat es nicht und aß das Brot später selber.

Zurück zu den Ruheständlern, nicht genug, dass sie einen Windschutz, eine Strandmuschel, einen Stuhl, der außerhalb des Areals stand, den besagten blauen Kinderspaten hatten, nein, sie mussten noch ein, nicht so hübsches Badehandtuch ca. 3 Meter vor sich ablegen. Dabei fällt mir ein, wir besitzen das geschmackvollere Strandequitment.

Wenigstens was.

Der Himmel war, wie bereits erwähnt wurde, bezogen, die Ostsee war sehr aufgewühlt und ein kleines bisschen war es unangenehm, zu baden. Aber einmal ging es doch noch.

Der Abschied fiel mir nicht so richtig schwer, ich komme auf alle Fälle wieder. Auf der Rückfahrt machten wir dann, bei wechselnden Temperaturen, von 35 auf 37 Grad und zurück, bei Regen ohne Regenbogen, bei Stau, bei dadurch verlängerter Fahrzeit, beim Zuhause ankommen im schönsten Regenguss, im Sommergewitter, wir machten Pläne für das nächste Jahr.

Wir fahren wieder. Einen Tag länger, etwas weiter ins Land rein und wir suchen uns eine etwas bessere Unterkunft. So machen wir das. Allerdings, so wie es dieses Jahr war, war es in Ordnung.

Gute Zeit.

Und zuhause angekommen hatten wir auf einmal ein Wassergrundstück. Wer also schwimmen möchte ...

Plau am See

Ich freue mich auf deine Urlaubsgeschichten.

Ich mich auch, dachte ich noch.

Nun ist der erste Tag schon vorbei und ich habe nicht wirklich etwas erlebt. Nicht wirklich stimmt nicht so richtig. Ein bisschen schon. Ein Rundgang durch die Landeshauptstadt. Potsdam. Sie ist dieses Jahr verantwortlich für die Feierlichkeiten zum 30. Jahrestag der Wiedervereinigung. Keine große Party, eher ein beschaulicher CityWalk. Überall ist etwas zu sehen, zu schauen, eher nicht zu erleben. Böse Zungen behaupten, es sieht ein bisschen aus, als wenn die Stadt von einer Hobbygruppe gestaltet, ich meine dekoriert wurde. Ich finde die Idee, die gesamte Innenstadt zu beleben gut. Über kleine Schwächelein in der Umsetzung blicke ich großzügig hinweg. Das war der Sonntag, eigentlich begann der Urlaub bereits am Sonnabend. Mit einem wunderbaren Erlebnis. Karten für das Museum. Für die Impressionisten. Es ist unglaublich schön. Es ist aus meiner Sicht auch unglaublich großzügig uns Bürger, sicher gegen ein Entgelt, aber dennoch großzügig uns an diesen traumhaften Bildern teilhaben zu lassen. Bis eben dachte ich noch, ich hätte noch nichts erlebt, in diesem Urlaub. Dabei sind es schon zwei Ereignisse. Nein mehr. Als wir im letzten Jahr die Urlaubsplanung machten, sagte ich, "Mir ist es egal, wann ich Urlaub mache, ich fahre sowieso in die Sonne." In Gedanken eine Rundreise durch ein osteuropäisches Land geplant. Rumänien schwebte mir vor und dann noch ein paar, ein paar viele Tage, auf eine der griechischen Inseln. Kreta oder Rhodos, vielleicht auch Santorin. Das alles verteilt auf einen ganzen Monat Urlaub. Entspannung, Erholung, Erlebnisse pur. Hatte ich erwartet und nun sitze ich in einer Kleinstadt in Mc-Pom, an einem mittelschönen Springbrunnen. Trinke einen relativ guten Milchkaffee und hatte das schlechteste Stück Käsekuchen ever. Dankeschön Corona. Nun wird sich der eine oder andere fragen, warum sitzt die in der Mc-Pom-Provinz? Bewusst ausgesucht. Ein Hotel am See sollte es sein, damit ich exzessiv Stand Up paddeln kann. Ich wollte es so sehr, dass ich mir tatsächlich noch eins gekauft habe, so kurz vor dem Ende des Sommers, um stundenlang über das Wasser zu gleiten. Sogar einen Neoprenanzug gibt es jetzt im Kleiderbestand. Und dennoch bin ich nicht dazu gekommen. Es ist zu kalt. Es war heute Morgen zu kalt und zu windig. Ich hoffe auf morgen. Im Hotel, einer Hochburg der Best Ager, ist mir ein Zimmer mit Terrasse zugewiesen worden. Ein Hotelzimmer eben. So eins, wie es bereits hunderte andere gibt. Nicht schön, nicht schlecht. Nun wird sich die eine oder andere Fragen, was mache ich statt des Paddelns. Ich will es euch verraten. Ich mache andere Sachen. Heute einen, zugegebenermaßen, langweiligen Bootsausflug. Start war an der Hotelbrücke. Dort sollte ich auch wieder aussteigen. Bin ich aber nicht. Mein Ausstieg war dann an der Endstation, in dieser kleinen, hübschen, sie ist schon hübsch, Stadt in der mecklenburgischen Provinz. Der Plan ist, zum Hotel zurückzulaufen. Mehr kann ich erst mal nicht sagen.

Einen Tag im Urlaub, ein bisschen wie ein Arbeitstag. Es gibt ein Projekt, welches sehr viel Zeit und etwas Geld benötigt.

Ein Projekt, wo mich Wetter und Ort nicht stört.

Mein Plan, Stand Up zu paddeln, ging nun tatsächlich nicht auf. Das Wetter machte einen großen Strich durch die Rechnung. Leider.

Wer jetzt aber vermutet, dass mir langweilig ist, oder war, der irrt sich.

Heute nun, saß ich den ganzen Tag am Rechner, im Zimmer. Die anderen Tage saß ich ja noch auf meiner Terrasse, der vor dem Hotelzimmer, heute nur innen. Ich treibe mich selber an und merke, wie wenig es mich stört, allein zu sitzen. Mit keinem, außer dem Hotelpersonal zu reden. Es stört mich nicht, mich stört keiner.

Nicht mal die Dame, die das Zimmer reinigen würde, wenn sie es denn täte. Nicht der Techniker, wenn er die durchgebrannte Lampe reparieren würde. Er ist nicht da. Und ich werde wohl im Dunkeln duschen. Und zur Toilette gehen. Komplett ungestört.

Und ich würde noch dort sitzen, so ungestört, hätte, ja hätte ich nicht bereits gestern mir eine Karte für eine kulturelle Veranstaltung in dieser

Stadt gekauft. Ein bisschen Musik, ein paar Reime, ein paar Aphorismen und ein paar hübsche Lieder. Also musste ich mich aus dem Zimmer begeben. Im Laufe des Tages wurde das Wetter besser. Allerdings arbeitete ich an meinem Projekt. Selbst das heutige Abendbrot ließ ich ausfallen. Holte mir einen Snack bei einem der örtlichen Lebensmittelhändler. Das mit dem Abendessen ausfallen lassen, war eine schnelle Entscheidung. Das Gestrige hat dafür gesorgt. Es war gelinde gesagt, eine Katastrophe. Für mich als vegetarische Kostnehmerin gab es nichts. Nichts Wirkliches. Möhren, Brokkoli und Salate. Auch für die Fleischesser gab es nicht viel Besseres. Schade. So ganz ehrlich, mit diesem Urlaubsteil habe ich mich verzockt. Nur will ich nicht jammern. So habe ich Zeit für mein Projekt. Auch schön. Und vor allem voranbringend. Der Abend selbst, die Kultur war abwechslungsreich. Das Publikum angenehm. Vier sind tatsächlich mitten im Vortrag aufgestanden und gegangen. Vielleicht haben sie die Dinge nicht verstanden. Vielleicht. Sie wissen nicht wirklich, was Sie verpasst haben. Es war gut. Anders, aber richtig gut. Der Ort, Plau am See, ein kleiner hübscher Ort. Wasser, kleine

Fachwerkhäuser, Klinkerbauten und Kopfstein-pflaster Straßen. Ein Ort, wie aus dem Bilder-buch. Heute Abend habe ich mir den Ort noch einmal angeschaut. Der Ort selber lohnt sich, das Anschauen dessen. Für Wassersportler, ein Eldorado. Für Einzelurlauber auch. Aber du musst Beschäftigung mitbringen.

Nordseeinsel

"Wenn ich auf der Fähre nach Föhr bin, dann fängt für mich der Urlaub an." Das erzählte mir jemand, der seit Jahren auf die Insel fährt. Für mich ist es das erste Mal, dass ich diese Insel besuche. Überhaupt über einen Zeitraum auf einer der Nordseeinseln bin.

Urlaub habe ich ja schon eine ganze Woche. Diese erste Woche war unspektakulär. Einmal verzockt mit dem einmieten in das Hotel am Strand. Dort fuhr ich verärgert, nicht wirklich verärgert, sondern eher enttäuscht ab. Das Thema Essen hatte ich ja schon beschrieben, dazu kam dann noch ein mangelnder Service, der mich dann veranlasst hat, die Rechnung auf den Cent genau zu zahlen. Das hatte zur Folge, dass mir nicht einmal eine gute Reise gewünscht wurde und das übliche, besuchen Sie uns bald wieder fehlte auch. Wirklich schade. Ein bisschen Enttäuschung schwang mit.

Da Lob ich mir mein Zuhause.

Dennoch möchte ich die erste Urlaubswoche nicht missen. Viel Zeit, fast süchtig, gelang es mir, die alten Texte aufzuarbeiten und mich ohne Groll meinem Herzensprojekt zu widmen. Das hätte ich nicht gekonnt, wenn der Aufenthalt im Strandhotel in Mc-Pom so gewesen wäre, wie ich es mir vorab vorgestellt hatte.

Ja und nun sitze ich hier auf der Insel Föhr, auf der Terrasse des kleinen Blockhauses und reflektiere.

Gestern nun startete die Reise. Die Tour verlief absolut planmäßig. Ganz richtig ist es so nicht, sondern, wir machten einen unplanmäßigen Stopp bei Freunden, die an der Strecke wohnen. Eigentlich hat unsere Freundschaft dieses Jahr Silberhochzeit. Aber, das ist eine andere Geschichte. Kurzer Kaffee- und Toilettenstopp. Dann ging es schon weiter. Es war ein bisschen so, als wenn die Zeit stehenbleibt. Stehen geblieben ist.

Irgendwann ist erkennbar, dass wir uns dem Meer nähern. Deiche, Priele, Schafe. So wie man sich den Norden des Landes vorstellt.

Ein riesen Parkplatz, Autokennzeichen aus ganz Deutschland und wir mittendrin. Der erste Urlaub ohne Auto. Unser Plan, die Fahrräder mitzunehmen, ging nicht auf. Warum nicht? Wir haben es nicht ausprobiert, mit dem Fahrradständer am Auto vorab zu fahren. Und da ich ja im Grunde meines Herzens ein alter Schisser bin, wollte ich es auch nicht auf der langen Tour ausprobieren. Also ohne Räder. Auf der Insel gibt es Unmengen an Rädern auszuleihen. Wir werden leihen. Wahrscheinlich werden es E-Bike werden. Noch ist keine endgültige Entscheidung getroffen.

Zurück zur Fähre. Der Himmel, grau. Der Wind, stark. Die See, ruhig. Die Überfahrt, Urlaubsgefühl. Auf dem Oberdeck hatten wir den besten Blick auf das, was kommt. Es war windig, im Fahrtwind musste ich das Handy schon recht fest halten. Habe ich auch. Und dann waren wir da, in Wyk auf der Insel Föhr.

"Wollen wir ein Taxi nehmen?" Unsere Unterkunft ist in der Nähe des Südstrands, etwa drei Kilometer vom Hafen entfernt. Drei Kilometer, das schaffen wir locker zu Fuß.

Gesagt, getan, ich meine gelaufen.

Auf etwa der Hälfte der Strecke, "Was hat uns eigentlich geritten, zu geizig für das Taxi zu sein?"

Ja was eigentlich? Ich wusste es auch nicht mehr. Der Trott ging, rechtes Bein vor, linkes Bein vor, nicht reden, nur atmen. Jede zweite Bank, und davon gibt es reichlich, war die unsere. Rechtes Bein vor, linkes Bein vor. Es sollen nur drei Kilometer sein? Wahrscheinlich drei Inselkilometer. Die sind in echt ja dreimal so lang, wie Kilometer auf dem Festland. Dank der Taktik, das rechte und das linke Bein immer wieder vorzuschieben, kamen wir irgendwann an der Unterkunft an.

Was für eine Freude. Unsere Vermieter hatten einen lieben Brief hingelegt. Wir fühlen uns willkommen.

Ein Päuschen und dann zum Meer. Wir haben es geschafft, wir waren am Meer, Strandkorb, Cocktailglas in der Hand und dem Lauf der Sonne folgen. Urlaub, was will ich Meer, ich meinte mehr.

Urlaub am Meer, auf einer Insel, die nicht breiter als 12 Kilometer ist. Von der viele begeistert sind und immer wieder berichten, wie toll es ist, auf dieser Insel zu sein. Es gibt Tipps und Anregungen, was zu tun ist, besser, was man auf der Insel erleben und erfahren kann. Erfahren im doppelten Sinne. Zum einen neue Erkenntnisse erhalten und zum andern erfahren mit dem Rad, dem Fahrrad. Apropos Fahrrad. Tipp Nummer eins für den unbeschwerten Inselurlaub. Falls du kein eigenes E-Bike mitbringst und eins haben möchtest, dann besteht die Möglichkeit, es vorab zu reservieren. Es sind hier viele Menschen, die es sich einfach schnell lange Strecken fahren wollen. Nur was heißt lange Strecken, einmal um die Insel sind 35 Kilometer. Mit einem E-Bike schafft man das in anderthalb Stunden. Es gibt Leute, die sind schneller, es gibt Leute, die sind langsamer. Dazu gehöre ich dann. Aber zurück zum leihen von E-Bike. Es bietet sich an, vorab eines zu reservieren. Wir haben das nicht gemacht und fahren nun für die ersten Tage nur mit eigener Muskelkraft. Gut unterstützt von 7 Gängen.

Eine Empfehlung, Tipp Nummer zwei, ist die klassische Wattwanderung im Wattenmeer. Zum Ausgangspunkt der Wanderung führen wir mit dem, mit Muskelkraft betriebenem Rad. Mit eigener Muskelkraft betrieben, wohlbemerkt. Der

Weg von Wyk nach Nieblum. Geteerte Strecke, parallel zur Straße, vorbei an Pferdekoppeln und dem vermutlich einzigen Weinanbaugebiet der Insel. Wein von der Insel Föhr. So steht eine Flasche in einem Feinkostgeschäft. Als ich sah, dachte ich noch, dass es ein Werbetrick sei. Der Wein vielleicht hier auf der Insel umgefüllt wird und deshalb, als Wein von der Insel bezeichnet wird. Wahrscheinlich habe ich mich geirrt. Da war es ja, das Weinanbaugebiet. Unsere Fahrt ging weiter, das Dorf selber, soll das schönste auf der Insel sein. Fast alle Häuser mit Reed gedeckt. Wenn ein solches Haus zu verkaufen ist, werden gern mal 1,9 Millionen Euro aufgerufen. Bei dem Immobiliengeschäft bin ich raus. Der Treffpunkt für unseren Ausflug ins Watt befindet sich am Strand. Breit und feinsandig ist er. Nur, dass interessierte zu dem Zeitpunkt nicht wirklich. Die Gruppe besteht aus etwa 40 Personen. Wir wissen, dass viele Menschen aus dem Süden Deutschlands und der Schweiz kommen. Woher? Corona konform haben wir uns auf eine Liste eingetragen. Diese Liste entsprach nicht datenschutzrechtlichen Richtlinien. Da wir die Letzten mit dem Eintrag waren, wissen wir Bescheid, wo die Mitlaufenden herkommen. Der

Reiseführer, besser Wattführer erwartete uns, erzählte launige Geschichten und redete mit den Händen. Er berichtete von den "Smal five". Zeigte sie uns und erläuterte Dinge, die wir im Alltag tun können, um die Umwelt zu schützen. Der Schutz des Wattenmeeres hat nicht nur Bedeutung für Deutschland oder Europa, nein, er trägt auch Verantwortung für eine Linie von Afrika bis in die Tundra. Hier sind es besonders die Vögel, welche Schutz bedürfen. Sie kommen im Frühjahr aus Afrika, machen Pause im Wattenmeer, erholen sich hier, fressen und schlafen, bis sie Gewicht zugelegt haben. Fliegen dann weiter in die Tundra. Brüten dort und ziehen ihre Kinder innerhalb der drei Monate auf, in denen die Tundra eisfrei ist. Dann fliegen sie im Herbst über das Wattenmeer zurück nach Afrika. Die Vögel bleiben im Sommer nicht auf der Insel, weil Weideland zum Nestbau fehlt. Hier gab es den Tipp, wenn man etwas für den Naturschutz machen möchte, dann sollte man Milch von Kühen auf Weiden gehalten werden trinken, wenn man überhaupt Milch trinkt. Das war Tipp Nummer drei. Bevor ich über die "Smal five" berichte, gibt es noch Tipp drei. Verzichtet auf das Essen von Miesmuscheln. Ich dachte ja bisher, Miesmuscheln werden in unseren Flüssen gezogen und kommen von dort in den Verkauf. Die Annahme ist nicht nur falsch, sondern zeigt auch, dass ich mich nicht so mit der Herkunft meines essen beschäftigt habe. Nicht, dass ich täglich Muscheln esse. Aber, so zwei, dreimal habe ich sie auch schon zubereitet. Nur was mir nicht klar war, neben der Herkunft, ist, dass die Muscheln hoffnungslos überfischt sind. In der Vergangenheit gab es hunderte Meter lange Bänke. Hoch und breit. Die sind weg. Noch gibt es ein paar wenige. Es wäre schön schade, wenn es den Muscheln ebenso ergehen würde, wie den europäischen Austern, die wegen des übermäßigen Verzehrs ausgestorben sind. So eine Muschel filtert am Tag etwa 25 Liter Meerwasser. Neben dem Plankton, welches sie als Nahrung nutzt, filtert sie auch Gift und Mikroplastik aus dem Wasser. Spannend. Das bleibt in ihr und wenn wir diese dann essen, dann ist das Zeug in uns. Also keine Muscheln mehr. Zu dem "Smal five". Sie sind die Insider des Wattenmeeres, welches wiederum zum Weltnaturerbe erklärt ist. Das sind, der Wattwurm, die Herzmuschel, die Wattschnecke, die Nordseegarnele und die Strandkrabbe. Sie alle halten das Meer im Gleichgewicht. So filtert die Herzmuschel 25 Liter Wasser in der Stunde, der Wattwurm lockert den Boden auf. Wissenschaftler haben ausgerechnet, dass die Wattwürmer, also alle lebenden Wattwürmer bis zu einer Tiefe von 30 cm, jedes Sandkorn innerhalb eines Jahres, einmal verdaut haben. Wir erfuhren, dass Ebbe und Flut eigentlich Niedrig- und Hochwasser heißen, das wir beim Gehen in das Watt immer einen Kompass mitnehmen sollen und noch wichtiger, diesen auch beherrschen müssen. Es kann im Watt schnell dazu kommen, dass dichter Nebel entsteht und der Gang in die falsche Richtung beschert ein nicht so gutes Ende. Und als große Empfehlung, immer aus dem Watt so heraus gehen, wie man rein ging. In gerader Linie. Es waren spannende 2,5 Stunden. Ca. 1200 Schritte ins Watt und 1200 wieder heraus. Zum Abschluss gab es dann noch einen Sonnenuntergang, die Sonne war sehr groß, von einer Farbe, die einem Goldorange gleicht, zu bewundern. Ein Tag mit Meerwert, ich meine Mehrwert.

Es sollen 22 Grad werden, das ist an der Nordsee schon fast hochsommerlich. Das habe ich mir gerade ausgedacht. Vielleicht stimmt es nicht. Nur ist es egal, weil es einen Strandtag beschert.

Wir mieten einen Strandkorb. So der Plan, so auch durchgesetzt, den Plan. Mit zwei belegten Broten, zwei Büchern, zwei Handtüchern und zwei sonnigen Gemütern fuhren wir mit zwei Fahrrädern zum Strand. Nicht, dass wir nicht auch hätten laufen können, wir wohnen schließlich nah am Südstrand, aber wir hatten die Räder da und es macht Spaß auf der Insel zu fahren.

Kaum Autos, dennoch wird die Geschwindigkeit der Autos kontrolliert. Mit Hilfe mobiler Messtechnik wollten drei Polizisten die Temposünder der Insel ermahnen. Und vorher natürlich erwischen. Wir waren nicht so schnell, wie auch, wir sind noch immer mit Muskelkraft unterwegs.

Am Meer war es still. Wenige Menschen lagerten dort. Unser Strandkorb, Nummer 1937, diente eher zum Schatten- als Sonnetanken. Hätte jemals jemand gesagt, dass ich an einem 15. September am Meer einen Platz im Schatten brauche, ich hätte es nicht geglaubt. Das Meer war weg, es kam, blieb eine Weile und zog sich wieder zurück. Zwischenzeitlich waren wir dann auch in ihm, dem Meer. Es war Überwindung notwendig, reinzugehen, es waren viele Schritte erforderlich, um eine Stelle zu finden, an der es möglich war, unterzutauchen, einzutauchen.

Ich bin ehrlich, wir brauchten zwei Anläufe. Aber dann waren wir drin, ganz. Und es war wunderschön.

Der lange Weg zur Eintauchstelle hatte den Vorteil, dass wir Krabben und Muschel, Algen und Sandformen im Wasser beobachten konnten. Das Meer hatte eine starke Strömung, ein bisschen so, als wenn wir in einem Fluss standen. Auf dem Wasser, auf dem Meer waren tatsächlich Standuppaddler zu beobachten, sie trieben relativ schnell weit raus. Entweder, sie sind richtig gute Paddler, oder aber sie unterschätzen den Sog der See.

Bisher habe ich nicht von verschwundenen Standuppaddlern gehört.

Eins habe ich gestern zum Meer gelernt. Wenn man am Südstrand vor dem Meer steht und der Sog geht nach rechts, dann läuft das Wasser ab. Wir befinden uns in der Ebbe. Obwohl noch Wasser da ist.

Natur eben.

Am späten Nachmittag, viele Sonnenstrahlen später wurde der Strandtag, vermutlich sogar das Strandjahr 2020 beendet. Ich musste mir gefühlt Kilo von Sand vom Körper spülen. Nordsee Sand klebt genau so, wie Ostseesand. Vielleicht noch ein bisschen mehr.

Ein kleiner Ausflug nach Wyk Ort. Schon die Fahrt mit dem Rad dorthin ist kurzweilig. Es gibt schöne und noch schönere Gebäude zu sehen.

Die Strandstraße, bevölkert von Unmengen Touristen. Die Plätze in den Cafés durchgehend besetzt, so wie auch die Bänke, von denen es reichlich gibt.

Ein, nein zwei Kugeln Eis gekauft und dann hatten wir das große Glück, eine freie Bank mit Meerblick zu finden. Ein Moment zum Verweilen.

Am Abend hatten wir eine Verabredung. Wir kennen jemanden, der hier auf der Insel wohnt. Es war ein toller Abend. Viel Informatives zu der Insel. Bestätigung der bereits geplanten Radtouren und noch den einen oder anderen Tipp, meist kulinarischer Natur. Wir waren die letzten Gäste. Es war 21 Uhr.

Also, Tipp Nummer vier: wenn man gut essen gehen möchte, dann zeitig und reservieren.

Ein Meertag, Mehrtag.

Der Tag mit den E-Bikes. Ein bisschen aufgeregt bin ich ja doch. Man, also auch soll ja richtig in Fahrt kommen.

Der Plan, die Räder holen. Dann zum Inselmarkt, dort frühstücken und dann ein bisschen über die Insel fahren.

Strand war nicht geplant. Es ist hier auf der Insel, im Gegensatz zum Rest der Republik, recht frisch. So frisch, dass ich inzwischen schon eine Wintermütze habe.

Unsere Räder standen beim Verleiher in der ersten Reihe. Eine kurze Einweisung, es sollte zu schaffen sein.

Der Weg zum Bauernmarkt war schnell absolviert. Die Ankunft beim Markt, der Markt selber, eher enttäuschend. Zwei Wagen mit Käse, zwei mit Marmeladen, einer mit Schafsfellen und eine Oma, die Kuchen aus dem Kofferraum ihres Autos verkaufte. Das war es. Vermutlich Corona bedingt, der kleine Markt. Was nicht ging, frühstücken. Dann eben doch zum Bäcker. Dieser Bäcker hat wohl sein Sortiment verkleinert. Er bietet nicht mehr Unmengen an Kuchen und Teichen an, sondern jeden Tag zwei ausgewählte Kuchensorten.

Gestern gab es Knusperquark.

Den Fischhändler der Insel haben wir endlich entdeckt. Die Auslage ist so, dass ich nicht wusste, was mit sollte.

Ja und dann war es soweit. E-Bike fahren. Es macht einfach Spaß. Höchstgeschwindigkeit bei 26 km/h. Mit einem Fahrrad. Zwar mit Unterstützung, aber mit einem Rad. Es kann noch schneller. Nur ich habe etwas Angst vor der Geschwindigkeit.

Die Insel Föhr hat insgesamt 200 Kilometer Radwege. Es gibt diverse Touren. Wir fangen erst mal klein an. Wir beginnen mit Wyk - Nieblum - Alkersum. Wir testen die Räder aus. Es scheint, ich habe den besseren Griff gemacht. Mein Rad heißt Eli 4.

Nieblum ist ein wirklich hübscher Ort. Wunderschöne Häuser, zauberhafte Vorgärten, Rhododendrenbüsche. Obwohl, die gibt es überall auf der Insel. Strauch Rosen und gepflasterte Straßen. Fast alle Häuser sind mit Reed gedeckt. Es soll das Dorf mit den meisten Häusern sein, die so gedeckt sind. Das Dorf war gut besucht.

Die Kirche des Ortes ist die größte der Insel. Sie ist zu besichtigen, nur gestern nicht. Trauerfeier. Dafür schauten wir uns den Friedhof genauer an. Auf ihm gibt es die sogenannten sprechenden Grabsteine. Auf diesen sind nicht nur das Geburts- und Sterbedatum vermerkt, sondern auch wie ihr Leben verlief, wie viele Kinder sie hatten und auch, ob die Ehe glücklich war. Irgendwann wurden diese aufwendig gestalteten Steine nicht mehr hergestellt und es gibt auch hier nur noch die einfachen. Eine kurze Fahrt und schon waren wir in Alkersum angekommen. Ein planmäßiger Besuch im Museum der Westküste. Man muss sich mal vorstellen, auf einer Insel, die 40 Kilometer im Umfang misst, gibt es ein Museum, welches die großen Maler beherbergt. Stifter des Museums ist ein Unternehmer, dessen Familie aus diesem Ort kommt. Die Ausstellungen, zwei aktuell, nennen sich "Seestücke". Ein Nachsatz: von der Romantik bis zur klassischen Moderne. Der andere: SEE STÜCKE geschrieben, der Nachsatz Fakten und Fiktion. Ich hatte nicht ein so tolles Museum erwartet. Ein Bild beeindruckte mich sehr. Eigentlich eine Installation aus ineinander verklebten, mit Licht gefüllten, weißen Bällen, welche bei Niedrigwasser in der Nordsee fotografiert wurden. Dieses Bild erinnerte mich an die Wanderung im Wattenmeer, bei der wir erfahren haben, dass die Miesmuscheln diese Muschelbänke bilden, indem sie sich miteinander verkleben. So sah das Bild irgendwie aus. Diese Theorie musste ich dann auch sofort der Museumsführerin erklären. Sie tat, als hätte sie davon noch nie etwas gehört. Das Museumscafé, gut besucht, gute Bedienung, guter Kaffee. Zurück zum Haus. Ich schreibe nicht, dass wir keine Abendveranstaltung mehr hatten. Ich schreibe nicht, dass wir um neun im Bett waren und fast 10 Stunden schliefen. Frische Luft, gutes Essen, Bewegung. So hab ich mir das vorgestellt. Vielleicht ein bisschen mehr Strand, aber nur ein kleines bisschen.

Frühstück auf der Terrasse, im Urlaub großartig. Frühstück auf der Terrasse bei 11 Grad, das ist sportlich.

Sportlich ist auch der Tag, der uns erwartet.

Frisch gestärkt geht es los. Plan, eine Inselumrundung, vielleicht 35, vielleicht auch 40 Kilometer.

Mit Unterstützung, aber nur in der ersten Stufe. Die Fahrt geht über den Deich, mal davor, mal dahinter und immer begleitet vom Blöken der Deichschafe. Sie haben nicht wirklich geblökt, aber hätten es können, mitten durch die Marsch Landschaft. Hier wird versucht, Land zu gewinnen. Dazu werden kleine Zäune am Rande des Meeres gebaut. In diesen soll sich dann der Schlick für die Landgewinnung sammeln.

Wir fuhren an neuen Feldern vorbei, aber auch an schon älteren, an denen der Fortschritt der Landgewinnung erkennbar ist. Es ist wohl notwendig, Land zu gewinnen, da an anderen Stellen ein Abtrag erfolgt. Geographie sechste Klasse oder so. Was uns die ganze Zeit bei der Fahrt über den Deich begleitet hat, und das wirklich, waren die kleinen Haufen, welche die Schafe immer mal wieder verlieren. Besser gut aufpassen, dass man nicht durchfährt und im schlimmsten Fall ausrutscht. Wir haben es gut gemacht, das Fahren ohne auszurutschen. Als kulturellen Höhepunkt, den wir hatten, möchte ich den Besuch der Lehmbecksburg, benennen. Wenn sich jetzt einer oder eine vorstellt, dass wir über eine gemauerte Burg, so wie wir sie aus anderen Städten kennen, dann täuscht diese Vorstellung. Die Burg ist eine Ringwallanlage, bei der man schon viel Phantasie benötigt, sich vorzustellen, was dort gewesen sein könnte. Was sie aber ist, ein schöner Aussichtspunkt, der einen Blick über die Insel ermöglicht. Zu sehen ist die Kirche von Nieblum, die Windmühle von Borgsum und der Funkturm von Föhr. Ansonsten viel, sehr viel Land. Eine Pause in einem feinen Café in Oldsum, der Gang durch den Ort und ein bisschen fotografieren und weiter ging es mit den Rädern. Gefühlt fährt jeder Besucher der Insel Rad. Sonst ist schwer, Parkplätze für Autos zu bekommen.

An den Hotspots der Insel gilt das für die Räderabstellplätze. Irgendwie wirken die Dörfer ein bisschen wie ein großes Freilichtmuseum. Alles herausgeputzt. Viele Häuser mit Reet gedeckt, die Vorgärten mit bepflanzten Friesenwällen. Hortensien und Strauchrosen dominieren die florale Ausgestaltung der Orte. Schön fürs Auge und die Sinne. Am Nachmittag, den ich auf der Terrasse verbracht habe, bekam ich Besuch. Einen richtig aufdringlichen Gast. Eine Taube, die mich als ihre Freundin ausgesucht hat. Sie war durch nichts wegzubewegen. Sie tänzelte auf der Umrandung herum. Stieg über meine Füße und starrte mich an. Grundsätzlich stört es nicht, aber diese Taube meinte sich auf der Terrasse mit ihren Stoffwechselendprodukten zu verewigen. Der schönste Sonnenuntergang soll am Strand des Ortes Utersum sein. So nebenbei, die Orte hier haben ein UM gekauft, weil fast alle auf diese Silbe enden. Zurück zu Utersum und dem schönsten Sonnenuntergang. Das wollten wir selber sehen. Mit uns viele weitere Urlauber. Es ist ein traumschöner Sonnenuntergang. An diesem Ort der Insel sehen wir die beiden Inseln Amrum und Sylt. Die Sonne geht dann genau zwischen diesen beiden Inseln unter und hinterlässt einen roten Streifen am Horizont, welcher sich im Niedrigwasser spiegelt. Es hat sich gelohnt, mit den Rädern dort hin zufahren. Im schwindenden Tageslicht ging es dann die Straße entlang zurück zur Unterkunft. Ein gelungener Tag.

Ein bisschen fauler Tag, ein bisschen. Auch schön, vor allem, weil wir den Nachmittag am fast leeren Strand verbringen konnten. Unglaublich, aber wahr. Da sind wir morgens nicht auf die Terrasse zum Frühstück gesessen und am frühen Nachmittag dann am Strand. Es war so warm, dass wir gern ins Meer gegangen wären. Sind wir dann nicht, mangels fehlender Badebekleidung. Vielleicht ergibt sich noch einmal die

Gelegenheit zum Gang in die Fluten. Spaß hatten wir dennoch. Es gab ein Fotoshooting am Strand. Nicht mit mir, es waren zwei Herren, die wahrscheinlich ein Model, eine Inselschönheit der reiferen Kategorie gebucht haben und nun versuchten Bilder zu machen. Vermutlich kannten sie die Kameras noch nicht genau, es gab ein Gefummel, nicht am Model, sondern an der Kamera. Das Model hatte ihren Kleiderschrank mitgebracht. Auch ein rückenfreies Kleid. Gesehen haben wir das nicht, nur davon gehört. Ein Outfit passte zu meinem. Blau-weiß geringelt. Nur hätten wir nebeneinandergestanden, bekäme man eine Elfe und eine Zwölfe zu sehen. Vielleicht auch eine Dreizehne. Nachmittags wurde eine weitere Empfehlung abgearbeitet. Wir besuchten das Kliffcafé. Ein Café am Rand einer Klippe. Zumindest stellte ich es mir so vor. Es war keine Klippe. Es war ein Kliff, also ein steiler Abfall einer Klippe. Dieses Kliff hat durch die Sturmfluten gelitten, 9 Meter misst es maximal noch. Schön war es dennoch, ist es dennoch. Das Café bestach mich mit einem der besten Mohnkuchen der letzten Zeit. Der Rand, wie ein Butterkeks, die Füllung schön klietschig, so wie es sein soll und als Krönung waren Kirschen eingebacken. Dazu kam die Größe des Stückes. Es von einer Größe, als wenn die ganze Torte geachtelt wurde. Bemerkenswert.

Nach dieser Pause ging es erneut zum Sonnenuntergangsspektakel an den Strand von Utersum. Mehr Menschen als am Vortag. Mehr Leute, die hofften, das optimale Sonnenuntergangsbild zu bekommen. Ich auch. Ein bisschen Wartezeit genossen wir mit Freibier. Das gab es dort nicht, das brachten wir mit. Andere Urlauber hatten sogar ihr Abendessen an den Strand verlegt. Eine Empfehlung zum Nachahmen.

Der Untergang der Sonne, wieder schön, mit dem Versprechen auf einen weiteren tollen Tag.

Schafe auf dem Deich, Deichschafe eben. Ihre Aufgabe ist es, den Deich zu pflegen, das Gras kurzzuhalten und den Deich fest zu trampeln. Das machen sie mit ihren Hufen. Ein sehr großer ökologischer Vorteil, gegenüber des Rasenmähens per Hand. Das Düngen fällt, im wahrsten Sinne des Wortes mit ab.

Worauf man, beim begehen des Deiches achten muss, ist, dass man genau in diese Abfälle nicht tritt. Dann wenn also diese Dinge gut umschifft wurden, dann besteht die Möglichkeit den Schafen in die Augen zu schauen und zu fotografieren. Sie ließen sich in ihren Tätigkeiten wenig stören. Viele lagen dem Wind abgewandt. Es sah gut aus, wie sie dann alle in eine Richtung schauten. Einige hatten beide Vorderbeine unter ihrem Leib, andere nur eins, das andere nach vorn ausgestreckt. Was aber alle machten, sie kauten und schmatzen dabei. Den Schafen kann man auf allen Deichen der Insel begegnen. Ein Bild vom Norden, welches versinnbildlicht, aber tatsächlich echt ist. Und gute Modelle geben sie auch ab. Die Lembecksburg, der Ringwall, von dem ich bereits berichtete, ist ein archäologisches Denkmal erster Güte. Ausgrabungen ergaben, dass auch die Wikinger sich hier auf der Insel niedergelassen haben. Allzu lange sind sie dann nicht geblieben. Zumindest sind keine Grabsteine auf dem Friedhof in Nieblum zu finden. Dafür aber die sprechenden Grabsteine, welche Geschichten der Bewohner erzählen. Die große Kirche war zu besichtigen und ist unbedingt zu besuchen. Groß für diese Insel. Schön ausgestattet. Versehen mit einem Vorraum und diversen Eingängen. Kirchenbänke in edlem grün und Stühle, die frei platzierbar sind. Schwarze Eisenleuchter hängen mit weißen Kerzen bestückt von der hohen Kirchendecke. Es ist gotisch, glaube ich. Ein Kreuzgewölbe. Sehr hoch, sehr mächtig, sehr beschützend. Ich bin froh, dass die Möglichkeit gegeben war, diese Kirche zu besichtigen. Sie ist schon anders, als die Kirchen, die ich sonst kenne. Kaum Schmuck und dennoch schön. Ein bisschen ist sie wie ein Trutzbau auf der, sonst mit niedrigen Häusern bestückten Insel. Kulinarisch hatte auch dieser Tag wieder viel zu bieten. Mittag in einem Restaurant an eben dieser Kirche. Ich suchte mir geröstete Tomaten, Basilikumpesto, Balsamico, Mozzarella und Rucola aus. Es sah nicht nur auf dem Teller gut aus, es schmeckte auch so. Ein paar Schritte weiter das Café, eine Empfehlung, die ich gern ausprobiert habe. Wie es sich für Nordfriesland gehört, war die Friesentüte meine. Eine Kugel Vanilleeis, eine Zimteins, dazu Pflaumenmus und Sahne. Ich rede, besser schreibe nicht über die Kalorien. Möchte darauf auch nicht angesprochen werden. Ein letzter Gang, besser eine letzte Fahrt zum Meer. Ein neuer Strandabschnitt. Etwas versteckter. Wir waren fast allein dort. Zum Baden war es zu flach. Der Nachteil ist, dass man ewig ins Meer laufen muss, um dann immer noch nicht schwimmen zu können. Der Gang aus dem Meer zieht sich dann ebenso lang hin und das aber dann in nass. Um es kurz zu sagen, ich habe verzichtet, obwohl das Wasser nicht zu kalt war. Das bestätigten auch zwei Herren, die mit ihren Rädern an unserem Strand anhielten, um die Wasserwärme zu testen. Wer jetzt glaubt, dass sie sich die Schuhe auszogen, um mit den Füßen ins Meer zu gehen, hat sich getäuscht. Sie bückten sich in Zeitlupe, parallel dem Wasser entgegen und hielten ihre Hände ins Wasser. Ich sage nicht, dass ich mir gewünscht hätte, dass sie das Gleichgewicht verlieren. Es sah schon so komisch genug aus. Die Strandzeit war begrenzt, jetzt wurde es das erste Mal bewusst, dass die Urlaubszeit, zumindest der erste Teil der Zeit dem Ende nähert. Die Räder mussten abgegeben werden. Sehr schade. Es hat wirklich Spaß gemacht, die Insel mit den Rädern zu erkunden. Dank der Unterstützung war es auch egal, ob wir uns verfuhren, oder andere Wege nutzten, als vorher ausgesucht. Ein letzter Drink, Rot und Rose Wein in einem kleinen Garten, der zu einer ehemaligen Druckerei gehört. Die Karte dort ist sehr schön anzusehen und zu lesen. Manche sahen etwas übertrieben beschrieben, wie zum Beispiel der Flammkuchen, der als spektakulär angekündigt war, letztendlich aber auch nur aus dem Frost kam und mit ein paar Petersilienblättern und viel Pfeffer gepimt wurde. Gut war er. Aber nicht übertrieben gut. Den Nachhauseweg gingen wir am Meer entlang. Gingen dann eher zufällig den Föhrer Planetenweg. Dieser ist dem Sonnensystem im Maßstab, ich habs vergessen, nachempfunden. Ein Planet auf diesem Weg fehlt uns. Alle anderen haben wir gesehen oder waren an dem Ort, wo auf sie hingewiesen wird. Eine nette Idee für die Sterneninteressierten unter uns. Es ein schöner Weg, immer am Strand, an der Küste entlang. Meer, davon hätte ich gern vielmehr. Jetzt sitzen wir auf der Fähre und resümieren die Zeit. Es war eine gute Zeit, viel Bewegung, viel frische Luft und gutes Essen. Gesehen, was empfohlen wird. Der Wunsch, unbedingt wieder her zu kommen. Tschüss Föhr, hallo Festland.

Lübeck

Nun liegt sie hinter uns, die Zeit auf der Insel. Zu schnell vergangen. Viel zu schnell. Dennoch hatte ich das Gefühl länger, als nur eine Woche dort gewesen zu sein.

Am Sonnabend fand auf der Insel um 09:09 Uhr ein Marsch um die Insel statt. Leider, wirklich leider haben wir das zu spät mitbekommen. Wir wären sehr gern die 38 Kilometer gegangen. Behaupte ich jetzt mal so. Nächstes Jahr gibt es eine neue Runde, rund um die Insel. Auf unserer Fähre fuhren dann die Wanderer und Wanderinnen zum Festland. Sie unterhielten sich lautstark, sehr lautstark über ihre Leistungen. 38 Kilometer, sie waren stolz darauf. Wir hielten unsere Nase in den Wind und genossen die Zeit. Auf dem Weg nach Lübeck, ein kleiner Umweg bis fast an die dänische Grenze. Seebüll, der Ort, an dem Emil Nolde lebte und malte. Wir konnten

Bilder, tolle Bilder sehen und wirklich bewundern. Seine Aquarelle sind meine Lieblingsstücke. Das Wohnhaus und Atelier werden aktuell renoviert, sie sollen in den ursprünglichen Zustand zurückkehren. Also 2022 auf ein Neues. Der traumhafte Garten und der weite Blick in die Landschaft waren den Besuch wert. Der Lebensweg Noldes, spannend und unerwartet.

Irgendwann hat uns Lübeck empfangen. Die Stadt mit den sieben Türmen. Die Stadt der Kaufleute und des Marzipans. Nicht weit vom Meer.

Hallo Lübeck. Gute Nacht mit einem Sonnenuntergang hinter der Marienkirche und guten Morgen am Strand von Travemünde.

Um 6 Uhr ging es los, der Strand von Travemünde liegt noch still. Die Schwäne schlafen. Dümpeln im seichten Wasser, ihre langen Hälse liegen auf ihren Oberkörpern. Die Möwen kreischen wie immer. Picken, was sie finden können. Zwei große Fähren, aus Finnland und Norwegen fahren in die Travemündung. Am Horizont wallt Nebel auf. Wir warten auf die Sonne. Das Warten dauert länger als der Aufgang, dem Aufstieg aus dem Wasser. Sie stellte sich zur Schau. Besonders schön hinter dem Leuchtturm. Ein Spaziergang durch die Stadt, ein Blick auf die Wakenitz, die Trave, einige Kirchen. Ein Gang über den Marktplatz und durch den Drägerpark. Einen Blick durch das Tor der Hoffnung. Lübeck.

Unsere Zeit in Lübeck ist nun schon fast vorbei. Nicht nur die Zeit in Lübeck, sondern auch die Urlaubszeit. Schade. Lübeck erlebten wir in Ruhe. Es hat uns, es mich nicht viel getrieben. Vieles in der Stadt kenne ich bereits und sehe es gern immer wieder. Wir hatten das große Glück, einen Strandtag am Herbstanfang machen zu können. Zwei Mal sind wir vor 6 Uhr morgens los nach Travemünde und konnten die Fähren aus Skandinavien einlaufen sehen. Dabei den Sonnenaufgang beobachten und fotografieren. Das Fotografieren konnte ich in Lübeck-Travemünde üben. Zeit in der Stadt selbst verbracht. In den Straßen geschlendert, gegessen und einfach die gemeinsame Zeit draußen genossen. Wir haben Standuppaddling gemacht. Und waren am Brodtener Ufer entlang gelaufen, hin und zurück. Waren im Hafen in Niendorf und haben fangfrischen Fisch gegessen. Es gab den einen oder anderen Aperol Spritz und guten Wein. Und ein paar schöne Reetdachhäuser in einer Siedlung (Achtung Geheimtipp) Gothmund, einer alten Fischersiedlung waren zu entdecken. Ich hatte eine gute Zeit und freue mich schon auf den nächsten Urlaub.